BUY THE FEAR SELL THE GREED

股票量化交易的7个策略

【美】拉里·康纳斯 Larry Connors 美国康纳斯研究有限公司 著　　杨颖玥 译

7 BEHAVIORAL QUANT STRATEGIES FOR TRADERS

中国青年出版社 CHINA YOUTH PRESS 中青文传媒

图书在版编目（CIP）数据

股票量化交易的7个策略 /（美）拉里·康纳斯，美国康纳斯研究有限公司著；杨颖玥译.
—北京：中国青年出版社，2020.8
书名原文：Buy the Fear,Sell the Greed:7 Behavioral Quant Strategies for Traders
ISBN 978-7-5153-6072-0
Ⅰ.①股… Ⅱ.①拉… ②美… ③杨… Ⅲ.①股票交易—基本知识 Ⅳ.①F830.91
中国版本图书馆CIP数据核字（2020）第104501号

股票量化交易的7个策略

作　　者：〔美〕拉里·康纳斯，美国康纳斯研究有限公司著
译　　者：杨颖玥
策划编辑：肖颖慧
责任编辑：庞冰心
文字编辑：肖颖慧
美术编辑：杜雨萃
出　　版：中国青年出版社
发　　行：北京中青文文化传媒有限公司
电　　话：010-65511270/65516873
公司网址：www.cyb.com.cn
购书网址：zqwts.tmall.com
印　　刷：大厂回族自治县益利印刷有限公司
版　　次：2020年8月第1版
印　　次：2020年8月第1次印刷
开　　本：787 × 1092　1/16
字　　数：127千字
印　　张：10
京权图字：01-2019-1564
书　　号：ISBN 978-7-5153-6072-0
定　　价：49.90元

目录 | CONTENTS

附录

致谢

从早期手稿到现在手中的成品，与所有我们多年来出版的书一样，这本书离不开我们专业团队的支持。

特别感谢以下帮助创作本书的人：

塞萨尔·阿瓦莱兹、布列塔尼·康纳斯、德鲁·马克森、兰尼·迈耶、杰森·迈耶、马特·拉特克、小约瑟·佩皮托、阿西·夫汗和达尼洛·托雷斯。

CHAPTER 1

第一章
恐惧、贪婪和市场

之后的战争，我们的对手也一样受制于情绪，如同亚力山大的士兵一样。

——乔治·S. 巴顿

《胜利的秘密》

想象一下，你正在向一位专业人士咨询有关财务问题的重要建议。而他有以下病症：

- 恶心
- 头晕
- 胸痛
- 头痛
- 颈部酸痛
- 肠胃不舒服
- 耳鸣
- 皮肤有烧灼感
- 呼吸急促
- 触电感

- 脸部刺痛
- 心悸
- 腿部无力
- 感到疯狂
- 恐惧即将到来的厄运

以1—10的等级，你对这位咨询师的建议的信心有多少？

8—10——高度的信心。这家伙肯定有两下子。

5—7——有些信心。或许他的脸部刺痛和他的心悸有一点让人不安，但你愿意忽略其他的所有东西，像是他的皮肤烧灼感、恶心、头晕和腿部乏力等。

2—4——信心不足。在为你做出财务决策时，某人依靠的是疯狂的感觉和对厄运即将到来的恐惧。这助长不了他的决断能力，也激不起你对其判断的信心。

1——无。没有。没信心。完全没有。零！这人很可能是个疯子。但凡脑子正常的人，谁会听这种精神状态的人做出的判断？

正确答案

你的答案不是2—4就是1（好啦，我知道你的答案是1）。

提议

假设现在我给你如下的邀请：我给你一个机会，与具有上述症状的交易员和投资者进行直接交易。他们要么感觉形势一片大好，要么感觉大难将至。除此之外，你还有这些附加权……

1. 你可以与他们进行一对一交易；
2. 与他们交易的时间由你来确定；

3. 交易方式由你构建，可以是任何你觉得最利于自己的方式；

4. 你在以后的人生中，每个月都可以多次这样操作。除此之外，你还知道，如果在过去的四分之一世纪里这样做，在所有地方你的获胜率就能从70％提升至97％。

你觉得怎么样？你会接受这个邀请吗？

大多数人绝对接受，我相信你也会的。**这本书就是向你说明什么时间、什么地方、如何进行交易。**

现在我想你已经兴奋起来了。你还自言自语："是不是有什么陷阱？这听起来太好了，不可能是真的。"

嗯，这是真的。你会在数年甚至数十年内的交易中，从数量上看到这是真的。关键是，你将要在这些历史大优势的高概率时期买入和卖出，而心理上在这个时期执行交易极其困难。这就是为什么你将要学习的优势已经存在了很多年，甚至在很多情况下是几十年。

不幸的是，许多交易员和投资者在心理上无法充分利用这些机会（沃伦·巴菲特有本事做到，并且在股票投资方面他也确实这样做了，但这也正是巴菲特成为巴菲特的重要原因）。

当这些交易机会出现时，外界的恐惧往往过于极端，当恐惧过于极端时，前面提到的严重症状就会出现，人们通常会进入保护模式。交易者和投资者通常不愿意或不能够关闭噪声进入进攻模式。你会在这本书中看到这一点——尽管有许多动态行为在同一时间发生，却没有构成一个理性的声音，告诉他们"是时候买入了"。事实上，大多数理性的人处于恐慌状态，进一步推低价格，让那些在正确的时间介入的人的优势更大。

这本书的目的是让你知道，股票和交易所交易基金（ETF）在什么时候和为什么存在短期市场优势，然后提供量化交易的策略，来指导你操作。

20多年前，我写了第一本关于贸易的书，此后又写了6本。每本书都包含策略和多年的价格数据，说明交易优势的存在。

在过去的5年中，我越来越清楚地了解自己所看到的交易优势。它们既不由技术分析，也不由基础分析驱动。**大多数时候，它们受到行为因素的驱使。这个行为因素首先就是恐惧！其次是贪婪，它通常是作为催化剂。**在少数情况下，例如第二章中的RSI极端区策略，通过信号正确的次数来检测，我们看到其实这些优势近年来一直增加。部分原因是2009—2017年交易市场处于牛市中，另一部分原因则是行为因素。

30年前，当一个新闻事件发生时，信息可能需要几天才能被市场完全消化吸收。大部分消化工作是由专业人士来完成，而非个体交易员。交易员只是随着时间的推移，将价格迁移到一个恰当的水平。恐惧和贪婪当然总是普遍存在的，但大型事件（例如1987年）除外，市场的回应通过时间变得平缓，并被限制在一个小圈子里。这个小圈子主要由投资专业人士构成。

今天就大不一样了。现在，新闻每天都在推动价格，有时每分钟都在推动价格。今天的新闻来源比30年前要多得多。30年前，有道琼斯通讯社，也许还有其他一些金融新闻机构。彭博社当时刚刚开始获得一些关注度（我相信迈克尔·布隆伯格刚刚决定进军新闻业），美国消费者新闻与商业频道（CNBC）也不存在，互联网也不存在。

如今，交易员和投资者可以从数十个潜在的新闻和信息来源获得信息，从主要面向专业交易员和投资者的彭博资讯，到许多我不愿提及的网站，因为网站实在是太多，由于它们发表了自己的社论，每月可以获得数百万的页面浏览量。再加上美国消费者新闻与商业频道，它的播出时段在交易市场开盘前和盘中，然后是《快钱》（*Fast Money*，截至2018年5月），收盘后的市场热点板块追踪，以及无处不在的吉姆·克莱默（Jim Cramer）在一个小时长的节目之后就开始播送，加上数十个留言板，包括大用户生成的内容网站

StockTwits，新闻和聊天永远不停歇。

如果恐惧是一种传染病，那么当恐惧发作时，它会迅速蔓延。离诺曼底登陆日还有近20年，当时的乔治·巴顿少校曾非常敏锐地指出，士兵中的人性（我相信他可能指的是所有人）永远不会改变。交易员和投资者也是如此。唯一改变的是他们情绪的时机；今天它发生得更快，有时也更极端，主要是因为媒体（尤其是社交媒体）起的作用，它们传播触发这种行为的新闻。**我们将在书中的每一个策略中看到这一点的发挥和量化。**

我们将从本书的两个章节开始，其中一个章节展示了当恐惧达到最大时，并正确预测了自2006年以来80%以上的流动ETF的短期方向。对于标准普尔500指数ETF（SPY），该策略自1993年以来正确预测了其方向的91%以上。

然后，我们将研究一种利用贪婪的策略。在这种情况下，极度贪婪使股票达到抛物线水平。这通常是由于新闻和疯狂的谣言造成的，然后它们大部分时间都会反转（崩溃）。

从这里我们将讨论我最喜欢的主题：通过VXX交易波动率。没有哪个市场比波动率市场更容易陷入恐慌，我们将回顾VXX的历史，更重要的是，我们将了解VXX的结构。从它的结构中我们将看到，为什么以及该产品如何被构建为归零。

我们还将研究VXX中的五种买家。这个买家群体自2009年以来逐年亏损。他们包括善意但无知的投资顾问和彻头彻尾的赌徒。有了这些知识，我们将学习两种策略来交易这种结构上效率低下的产品，一种是将非常短期的时间框架（平均大约一周）应用于长期趋势，另一种是在VXX趋势下降期间，做空VXX，平均持有3个月。这两种策略都有很强的历史测试结果，自VXX于2009年初创建并投放市场以来，这些优势一直存在。

然后我们来看看交易新高点策略，这个策略是我们根据一个具有开创性的学术研究创建的，最初发表于2004年，现在仍然经常被引用。这项研究显示了交易者和投资者如何使用新的52周高点作为锚定点。我们在这个锚定点添加了一个恐惧因子，你会看到，当把他们的发现和恐惧结合起来时，这些股票在几天内已经上涨了77%。

第八章着眼于恐惧和贪婪在股票指数中的时期，不只是美国，还有全球。采用按比例放大的方法，该策略80%以上的时间都正确地识别出价格往更高处移动。这个策略很稳健，这意味着在交易所交易基金中，有成千上万种交易方式可以用恐惧买入，贪婪卖出。

第九章着眼于一夜之间的恐惧。这种策略结合了交易所交易基金，这种交易所交易基金因不断抛售而下跌，然后跳空低开。然后进一步的盘中抛售，给这些持有交易所交易基金的人们带来恐慌和恐惧。大多数时候，这些人中的许多人已不能忍受疼痛了（他们表现出了我们之前提到的一些症状），为了避免进一步的疼痛，他们会抛售自己的持仓。你会学会介入和接手他们的仓位，通常这里有大的盈利优势。

然后我们会把所有的事情联系在一起，包括看看这种交易与巴菲特的投资方式有多相似。巴菲特从“买入恐惧”中赚了一大笔钱。他已经有了一个可重复的操作机制——通常是在其他人都卖的时候买入。从长远来看，你会看到巴菲特在这些投资中是如何做到这一点的。我们将把这些相同的行为偏好联系在一起，并在短期交易的基础上这样做。我们还将讨论，采取这些策略并将其应用于你的交易的多种方法。

在附录中，通过一些我推荐使用的资源，你将获得更多的知识，可以用它们与其他方式构建你的交易，从而帮你购买恐惧和出售贪婪。当你读完这本书的时候，你将能够继续前进，定量地应用行为优势。这些优势可能会在未来的许多年中出现。市场可能会改变，但正如你反复看到的，人类的行为不会改变。

最大限度地使用本书的策略，你需要知道这16件事

在我们开始谈策略之前，我们先看下面的补充说明：

1. 本书中的每个策略都是量化的

这意味着，每个策略都有一套固定的规则（固定的输入集）。并且回溯短至9年长至25年的任何时期，任何历史测试结果都支持这些策略。

当恐惧情绪高涨时，就会出现买入信号；当贪婪情绪最为严重时，就会出现股票和交易所交易基金的卖空信号。在这本书中，我们要做的正是标题所说的：我们在恐惧时买入，在贪婪时卖出。我们之所以要这样做，主要是因为有量化的行为优势反复出现，供你利用。

我们以许多不同的方式系统化和量化恐惧和贪婪。这包括在股票和交易所交易基金中，利用VXX进行波动交易；在一天的盘中和结束时都进行交易；既做多头交易也做空头交易；按照每个策略，基于规则退出交易。

每一笔交易都要有进入的理由，运用简单的指标从恐惧和贪婪中获利。你会提前了解交易的行为原因。最重要的是，因为每件事都是结构化和系统化的，所以不需要猜测何时进入或退出某个仓位。

2. 以下是我们的测试方法

a）每个测试都有一个特定的开始日期，结束日期是2017年交易的最后一天。

b）所有测试都使用了Norgate数据生存率自由数据。数据根据股息和分割进行了调整，并且在每种策略中都预先设定了股票或交易所交易基金的范围。

c）除非使用限价指令，否则所有测试都是在当日价格结束时进行的。

佣金和差价不包括在内。

d）每项测试都要用这些数据进行第二次验证，这意味着至少有两个位于不同地点的独立研究人员根据书面规则得出了完全相同的测试结果。

3. 使用的指标

a）价格——本书中的策略高度依赖于价格反应。价格反应通常会告诉你，在任何特定的时间存在多少恐惧和贪婪。

b）趋势——在许多情况下，我们依赖长期趋势，在趋势方向买入。这主要是通过200日的简单移动均线（SMA）来完成的。对冲基金传奇人物保罗·都铎·琼斯在托尼·罗宾斯的《金钱大师》（*Money Master the Game*）一书中说得好："我对每件事的衡量标准是收盘价的200天移动均线（MA）。"

我们同意保罗说的这句话。总的来说，股票指数在200日移动均线以上交易的价格比在200日移动均线以下交易的价格更容易预测上涨。通常有一个原因导致一个指数或股票的交易点位低于其200日均线，无论是市场原因、行业原因，或公司特定的原因。这些原因通常是有效的，并且在趋势向上进行交易（例如，只有当交易点位高于200日移动均线时才做股票多头交易）在量化的基础上证明会增加短期优势。

c）相对强弱指数（RSI），精确测量证券超买和超卖的程度。

你会在这本书中看到，市场上的恐惧越多，证券就越被超卖。贪婪的情况也是类似，特别是过度贪婪。证券的超买越多，市场上的贪婪就越大。这是最大的逆转发生的地方，也是存在最大量化优势的地方。

在过去30多年的股票价格研究中，没有任何指标在量化基础上比相对强弱指数更好（你可以在附录中找到相对强弱指数的公式和我们的增强版RSI——CRSI）。

在这本书中，你会看到相对强弱指数的使用。相对强弱指数最初是由威尔斯·韦尔德（Welles Wilder）在20世纪70年代在他的开创性著作《技术交易系统的新概念》（*New Concepts in Technical Trading Systems*）中创造的。在他发表这篇文章之后的30年里，交易员都依赖他14周期RSI默认设置。事实上，即使在今天，大多数软件包都将此作为默认设置。

2002年，我开始用一个更短的读数来覆盖股票价格：2周期RSI。直到那时，我还没有看到有人用这种方式使用RSI。令我震惊的是，它与短期价格走势同步，尤其是在股票指数和标准普尔500期货市场。

我让我的研究团队开始进行回溯测试，我们发现，测试结果比我们测试过的任何测试都要高。一年后，我们围绕我们的发现发表了一个策略，据我们所知，我们是第一个使用短期RSI发布这些研究结果的人。

现在已经过15年了，韦尔德的RSI周期缩短到了一个更短的时间框架，仍然优于任何其他可用的指标。当然我们将在书中的每一个策略中看到这一点的发挥和量化。我们已经在寻找更好的东西，我们总是敞开心扉，兴奋地去测试任何东西。目前我们还没有看到任何超过韦尔德RSI的东西。

你将看到交易策略中使用三个不同的RSI时间帧：2周期RSI、4周期RSI和CRSI（我会很快解释这个）。对于本书中的每一个策略，我们都遵循其最初的应用方式。这正是我们说RSI强劲的地方，而且总的来说，**它至今仍然是衡量股票价格中短期市场情绪（恐惧和贪婪）的关键。**

CRSI是我的研究公司在5年前创建的。据我们所知，这是股票交易员唯一可用的量化震荡器。你可以在附录中找到CRSI的公式。对于彭博社的读者来说，它被编程到研究部分的终端。

CRSI应用了韦尔德的RSI，并进一步发展。与韦尔德的RSI相比，CRSI更难以触及极端水平，历史上当达到这些极端的CRSI水平时，量化的优势已经存在。

4. 数学

这本书没有使用高等数学。没有必要。

5. 止损

测试中没有使用止损。这是故意的，符合我们长期的止损信念。我在附录中添加了关于止损的观点供你阅读。我也在书中提出了一些建议，告诉你如何更好地保护你的头寸。

6. 以系统量化的方式买入恐惧，是市场存在的少数嵌入优势之一

恐惧越大，证券错误定价的概率就越大，这意味着优势对你来说就越大。在这本书中，我们将识别恐惧何时存在，为什么存在，并如何在合适的时机系统地执行交易；在某些情况下，我们甚至会追溯到25年前的市场来完全量化这种恐惧。

7. 人类的恐惧是根深蒂固的

科学已经反复证明了这一点。利用磁共振成像进行的许多科学研究表明，当恐惧存在时，大脑会发生变化。

布鲁斯·佩里博士在《时代》杂志网站上发表的一篇文章中解释说："当人们受到惊吓时，大脑的智能部分就不再占据主导地位。当面临威胁时，负责风险评估和行动的大脑皮层停止运作。换句话说，逻辑思维被压倒性的情绪所取代，如此一来，有利于短期处理问题和快速作出反应。"

请记住这一点。这是你将要学习的交易优势和交易偏好存在的重要原因。

8. 不是所有的恐惧都一样

这意味着，与恐惧相关的行为可以被更好地定位，从而根据整体市场状况，带来更高的回报。记住这一点很重要，我们的数据也证明了这一点。

a）股票和股票ETF在牛市中的恐惧，往往比在熊市中的恐惧，持续时间要短得多。

健康的牛市能迅速摆脱恐慌，然后推高价格。只要添加200日简单移动均线，并且多次沿着移动均线方向进行交易，就能证明这一点。正如我在书中多次提到的，这就是为什么它是对冲基金传奇人物保罗·都铎·琼斯最喜欢的指标。

b）价格走势导致前几天的行情信号发挥作用。越来越多的恐惧比一天的恐惧要好得多。从军事角度来说，这就是为什么多天的炮击比一天的炮击有效得多的原因。人类天然地会因为多天的连续打击而疲惫不堪。在交易中，当人们因为多天亏损而疲惫不堪时，他们就会精神疲惫，开始做出不合理的决定；而这时候，另一方的买家往往会得到有利的定价（他们会得到有利于自己的额外优势）。

c）隔夜恐慌导致的价格跳空低开，总比价格不下跌要好。在证券卖出数天之后，尤其如此。没有人喜欢连续多天赔钱，然后隔天醒来发现股票或ETF跌得更凶，他们的损失进一步扩大。

d）日内恐惧（甚至最好是恐慌）是买入恐惧的最佳时机。投资者和交易者没有足够的时间对证券跌价做出理性的反应，他们通常会感到恐慌，特别是在交易日即将到来之际，这种安全受到了威胁。

9. 恐惧的类型

正如你所料，对交易损失的恐惧是主要的驱动力。对亏损的恐惧——以及对基金经理来说，对失业的恐惧——驱使着买卖决策。

事实上，害怕失去是生活中的主要驱动力之一——失去金钱，失去亲人，失去爱情，失去接纳，名单可以列很长。许多专业人士都同意，对于人们为什么不坚持自己的梦想，害怕失去是最大的一个因素。

还有"错失恐惧"（FOMO），也称社群恐慌症。我个人见过这种情况。当看到其他人在市场上赚钱，而自己却没有时，会把他们逼疯。2010年以后的研究发现，人们在2008年不太在意赔钱，只要他们的损失是一致的，或者比其他人损失得少。

他们还发现，那些在2008年损失比其他人少，但在2009年赚得也比别人少的人，相比于那些在2008年损失比其他人多，在2009年赚得也更多的人，前者的愤怒大于后者。因为别人在2009年获得了更大的收益，所以尽管净效应是一样的，这些人还是觉得自己被欺骗了。在这本书的两个策略中，"害怕错过"都扮演着重要角色。"错失恐惧"创造了交易优势，当买家非理性地推高价格时，我们会利用这些优势。

10. 工具结构

这本书中的两种波动性策略之所以表现出色，主要是因为VXX的构建方式。VXX在结构上效率低下。当我们到那个章节时，我会详细地给你介绍这个部分。如果你能在市场中发现结构性的低效率，那么你就可以构建策略来利用这个低效率。

11. 风险管理

我们还将讨论保护头寸的方法，尤其是在恐惧和贪婪过度的交易中。固定风险定位，相比那些承担开放式风险的交易者和投资者，让你能够更有效地预先确定和控制风险。

你将看到的是，跨多个流动证券非常高的历年测试结果。你可以看到，自1993年以来90%以上的时间，信号都是正确的，而且随着基金经理和经验不足的散户投资者为了保护自己的投资组合而购买历史上定价过高的保险，这种策略的平均百分比涨幅达到了两位数。考虑到这一点，我们也需要防范策略失效，历史上曾发生过少数几次。

12. 基本面怎么样

基本面对投资非常重要。它们对短期交易的重要性相对要小得多。基本面通常不会改变日内或日常市场，但是价格和情绪会！这就是为什么我们主要关注这两者，你会在本书中看到它的定量支撑。

重点：从长远来看，基本面最重要。从短期来看，价格和情绪最为重要。

13. 就我们所知，迄今为止（截至2018年）这是第一本“短期量化行为金融”书籍

我相信其他人会跟随，甚至可能比我们走得更远。不过，眼下你将可以接触到量化的行为信息，这些信息以前从未在任何一本书中发表过。

14. 关于本书和我的写作风格

我的写作简明扼要。我就是这样被教导的。相比阅读那些用数百页来表达一个观点的作品，我更喜欢读一些简洁的东西。

在过去的23年里，我写了很多书，其中一本被《股票与大宗商品》（*Stocks & Commodities*）杂志选为“20世纪十大贸易经典之一”［与琳达·瑞斯克合作的《街头智慧》（*Street Smarts*）］。所有这些书的篇幅都相对较短——它们更多是专注于内容质量。我和你分享这本书中的知识有多个目标。一个当然是定量地向你展示行为短期优势在哪里反复出现，另一个是简明扼要地去做。

15. 过度拟合数据

随着定量分析越来越成为主流，我看到了新一代具有数据科学背景的定量交易员和研究人员。那些在我们的行业中没有受过传统训练的人，正在把数据技术应用在我们的行业中。数据技术在其他领域是取得了成功，这其中有一些适用于金融工程，且效果非常不错，但其他的却很糟糕。

我不喜欢的一种技术，目前正在越来越广泛地被应用，那就是获取一个大的数据集，并尝试各种可能的组合，直到得到好的结果。

过度拟合就是听起来的这样：获取大量数据并通过挖掘它来查找有效的变化。完全不管参数有没有意义，反正数据更有说服力。“用数据来交易”是他们的座右铭。

让我们打个不符合逻辑的比方。假设如果红袜队在周四晚上以3分之差获胜，那么第二天早上开盘买入标准普尔500指数，然后在收盘时卖出。假设实际上在过去的30年里有80%的时间赚了钱，为交易者提供了巨大的回报。然后我们改变一个变量来测试一下它：他们赢得的总场次。当红袜队以4分之差获胜时，它就不起作用了。只有50%的正确率，并且还会赔钱。当他们以2分之差获胜时，只有45%的正确率。数据显示你要交易这一笔。当红袜队在周四晚上以3分之差获胜时，你会在周五早上买入标准普尔，然后在收盘时卖出。这30年来正确率高达80%！

现在有两大问题……

1.这些规则是胡说八道。为什么世界上标准普尔500指数在红袜队周四赢了3分之后会上涨？因为波士顿球迷很高兴他们赢了，所以他们去买股票？好吧，如果这条逻辑成立，那么洋基球迷不开心呀，那他们就会把手头的股票卖出去呀。再说，即使红袜队的3分胜利导致了第二天市场价格上涨，可为什么是3分呢？为什么它就不能是2分，或者4分呢？

2.数据被过度拟合。我遇到过数据挖掘员和优化员，他们有几年的专业交易经验，会说“这就是数据所说的，这是一个有效的交易策略”，而我们这些生活在现实世界中的其他人会说“啊哈”。

马克·洛佩茨·德普拉多（Marcos Lopez de Prado）博士在他的伟大著作《金融机器学习的进展》（*Advances in Financial Machine Learning*）中写到了这个话题。德普拉多博士是这个领域的专家。他创立了古根海姆合伙人公司的量化投资策略业务，管理着130多亿美元。我最近参加了一次会议，他在会议上发言，讨论了系统测试的许多缺陷，包括当过度拟合用于金融行业时。我建议你读他的书。同时，除非有策略能利用套利机会、结构性低效机会或可重复的行为机会（如恐惧和贪婪），否则它可能就存在过度拟合的风险。

在这本书中，我们正在量化可重复的人类行为。当我们继续前进时，你会一遍又一遍地看到恐惧造成流动性漏洞（缺乏买家）。有时当恐惧演变成恐慌时，不仅买家会在价格合理的时候退场，卖家也不在乎他们卖出证券的成本——他们只是想要解套。

16.为什么如此多的恐慌抛售最终会逆转

在采访传奇市场策略师和技术员汤姆·德马克时，我首先看到了以下内容。他说，真正的市场底部（包括短期和长期）不会出现，因为买家会同时涌入。**它们发生的原因是销售减少或停止。**

我花了好几年才完全抓住这种见解的重点。在所有恐惧的钱出来之后，当恐惧感很高的时候会出现谷底。有时买家会立即进场。其他时候（这种情况更常见），买家在看到情况比之前好转后，就会逐渐回归。这些买家在恐惧沉降后买入。他们经常付出更高的成本，而且是在短期优势不再存在的情况下买入。那些接近恐惧顶点进场的人，得到的回报最多。

在这本书中，我们将看到许多统计证明的系统性地购买恐惧的方法，通常是在恐惧达到最高点的时候。通常当最后面的卖家也开始出售他们的股票或交易所交易基金时，是因为他们已经无法再忍受这种痛苦了，这种时候，往往是我们买入的时机。

沃伦·巴菲特根据自己的建议创造了自己的财富："当别人贪婪时要害怕，当别人害怕时要贪婪。"

我们继续往下，寻找别人贪婪我们恐惧，别人恐惧我们贪婪的时机。然后我们找准时机买入恐惧和卖出贪婪！

CHAPTER 2

第二章
相对强弱指数（RSI）极端区域

我打算用这个交易策略开篇，它自1993年以来91%的时间都准确预测了SPY（标准普尔500指数ETF）的方向。该策略平均持有SPY 3个到7个交易日，在恐惧出现时买入（通常是很多恐惧）。这种恐惧的范围包括，由即将发布的经济报道或新闻事件而导致的购买恐慌和市场恐慌。当这种恐惧发生时，交易者会有巨大、一致的优势。买家消失，卖家恐慌，标准普尔500指数的价格在过去25年里逐年上涨。

这个策略集中了恐惧买入、贪婪卖出的哲学。

什么是相对强弱指标RSI极端区？**RSI极端区是ETFs**（特别是美国股票ETF）处于上升趋势时的**高概率买入阶段**。当ETFs达到这些水平时，它们成为交易者利用市场恐惧，在恐惧时买入，然后在恐惧消退时，以更高价格卖出的高概率区域。过去25年里，在SPY中10次有9次应验了，它可以带来盈利。

让我们直接跳到规则（它们很简单）。然后，我们将看看两个交易示例，来了解市场的内涵。从中让我们看看这种恐惧是什么样的，为什么会发生这种情况，谁在进行销售，以及当销售结束时会发生什么。

以下是相对强弱指标（RSI）极端区的规则：

1. SPY交易于其200日简单移动均线之上。这告诉我们，我们处于长期上升趋势中。

2. SPY的4周期RSI收于30以下。我还将与你分享SPY低于25时的仓位测试结果（这意味着市场有更多的超卖）。在收盘时买入SPY。

3. 如果4周期RSI在持仓期间的任何时间收盘价低于25，则买入第二个单位。通常能以较低的价格使头寸增加一倍。

4. 当4周期RSI收于55以上时卖出。

以下是1993—2017年SPY使用RSI极端区在30和在25以下加倍持仓的测试结果：

交易次数：202

正确率百分比：90.59%

盈利交易：183

亏损交易：19

每笔交易平均收益：1.73%

交易日平均持有时间：4.95天

以下是1993—2017年SPY使用RSI极端区在25和在20以下加倍持仓的测试结果：

交易次数：147

正确率百分比：92.52%

盈利交易：136

亏损交易：11

每笔交易平均收益：1.89%

交易日平均持有时间：4.84天

以上就是四个交易SPY的简单规则。自1993年以来，这四条简单规则产生的90.59%的信号，在平均五个交易日内都带来了盈利。

四条简单的规则，怎么能产生如此令人难以置信的结果呢？让我们深入一点：

1. 基于今天所做的回溯，是不是过度拟合了？不，事实上，当我在2003年最初发表这一策略时，数千名交易员第一次了解到这一策略。

然后我在2009年的书《高概率ETF交易策略》（*High Probability ETF Trading Strategie*）中再次发表了这篇文章。数万名交易员通过购买这本书获得了这一策略，很多时候这一策略也被其他人分享了。

2. 30/25或25/20，是魔法标准？并不是。虽然两者都非常好也非常强大，但还有其他变量可供你进一步研究。

3. 20世纪90年代股票价格内在的巨大均值回归，是否会造成结果倾斜？不会。事实上，从2009年到2017年，结果变得更好。是的，这个策略多年来一直处于公共领域；它被广泛传播，货币管理行业从积极投资转向了主要的被动投资。我可以给你一个市场变化的其他方式的清单，**显示的结果还更好**。

从2009年到2017年RSI极端区策略显示，96.77％的极端区信号带来了盈利。62个信号中有60个达到盈利！

让我们暂停一下，从上往下看。让我们真正开始了解这里发生了什么。

1. 这种行为不仅出现在SPY中。我们多年来多次研究它（首先是1993年至2003年，然后是1993年至2009年，而现在是1993年至2017年）。我们在20个流动性更强的交易所交易基金上做了这个交易。它们包括从美国的交易所交易基金到欧洲、亚洲和拉丁美洲的国家基金ETF。自这些市场开始交易以来，每个市场在达到RSI极端区的时间百分比平均高于81%。

这是一种全球现象。

2. 我过去常常相信，200日和4周期RSI的联合是其魔法所在。尽管它们发挥了作用，但它们只是技术指标。真正的驱动因素是，在股票ETF达到极端区域水平时，出现的**行为结构**。这里有恐惧存在。而且，正如你将在本书中一遍又一遍地看到的那样，恐惧是优势发挥作用的地方。**恐惧越深，优势越大。**在这本书中随着我们往下走，我们会更深入地探讨这个问题。

3. 这意味着，当4周期RSI收盘价超过55时，这种抛售行为也是行为上的。**在这些时期价格很快上涨，因为恐惧正在消散。**他们害怕提前几天购买，原因有很多——有些原因很简单，就像即将发布的经济公告一样，另一些原因是媒体造成的短期歇斯底里（我们将在示例中查看其中一个）。由于投资者现在相信**"他们是安全的"**，因此在更高价格时会触发退场的压倒性时期。他们也许是安全的，但是恐惧消散导致的定价效率低下时，他们依然在购买。而那些买入恐惧的人，他们买入恐惧然后在"海岸清晰"的时候卖掉，绝大部分时间都赢得了胜利。

现在让我们看看发生的两次引人注目的抛售，每一次都会触发RSI极端区信号。你会在每一次中看到，恐惧所诱发的卖出导致SPY价格下降。买入恐惧，然后在恐惧消退时卖出，这种情况会反复出现，尤其是在股票ETFs中。

由罗伯特·恰尔蒂尼博士撰写的长期畅销书《影响力：说服心理学》（*Influence: The Psychology of Persuasion*）是沃伦·巴菲特一贯推荐的少数几本书之一。几年前，我参加了一次演讲，那是一次恰尔蒂尼向200位快速成长的私营公司的首席执行官做的演讲。在那次活动中，恰尔蒂尼告诉观众，当时，《影响力》一书是巴菲特在奥马哈召开的年度股东大会上连续多年推荐的"唯一一本书"。

《影响力》这本书与投资无关。**它与人类行为有关。**巴菲特是理解人类行为的大师。这是他如何创造财富的一个关键部分，我们稍后将在书中进一步探讨这一点。

根据恰尔蒂尼的说法，影响力的六大原则之一是“权威”。当专家讲话时，人们通常会仔细倾听。人越被视为权威，他或她的建议就越有可能被采纳。

在华尔街，摩根大通（J. P. Morgan）宏观量化及衍生品战略全球主管和高级分析师马尔科·科拉诺维奇（Marko Kolanovic）就具有影响力。他被认为是定量分析领域最具影响力的权威之一，尤其是在衍生品将如何影响市场的问题上。他的行业精英地位是他应得的，因为他和他的团队多年来做出了一些很棒的短期预测。

随着影响力的到来，市场的动力也随之产生，因而马尔科·科拉诺维奇就有了推动市场发展的能力。下面是一个很好的例子，说明一个广泛传播的具有巨大影响力的人的报告，事件如何与之相结合，引发恐惧，并创造可重复的高概率交易优势。

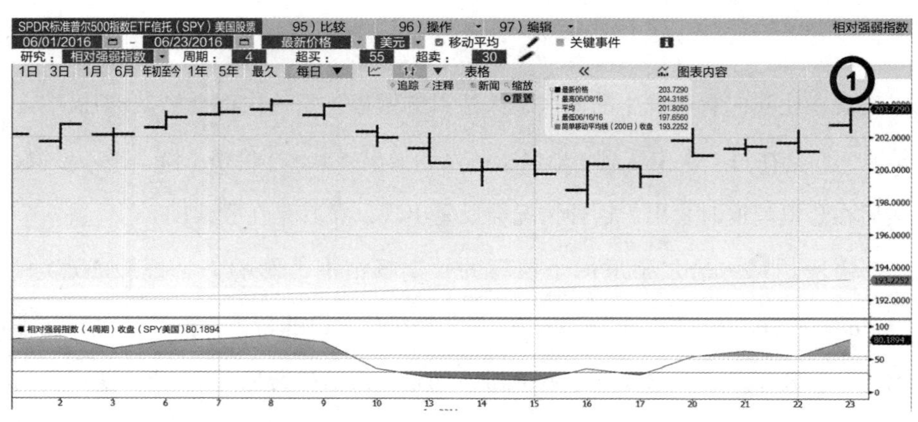

图2.1　SPDR标准普尔500指数ETF信托（SPY）
（SPDR S&P 500 ETF Trust, SPY）

资料来源：彭博金融L. P.
彭博金融有限公司许可使用

1. 2016年6月，一个美好宁静的月份。SPY远高于其200日移动均线，标准普尔500指数收盘接近历史高点。这将是一个愉快的夏天！

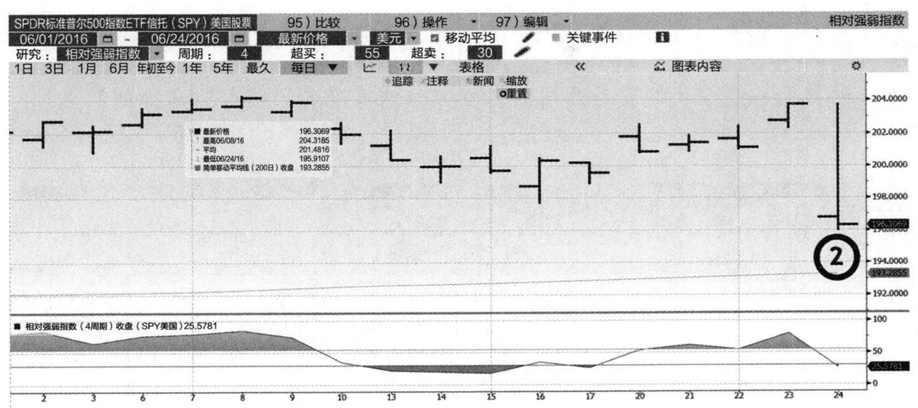

图2.2 SPDR标准普尔500指数ETF信托（SPY）
（SPDR S&P 500 ETF Trust, SPY）

资料来源：彭博金融L. P.
彭博金融有限公司许可使用

2. 6月24日星期五，英国公民毫无征兆地投票退出欧盟。英国脱欧冲击到全球市场，包括美国。股市暴跌，一天之内跌幅惊人。4周期RSI从80移动到26（对于4周期RSI来说是非常大的一日走势）。

与此同时，最受尊敬和最受关注的策略师之一马尔科·科拉诺维奇发布了一份报告。报告在全球广泛传播，遵循系统性策略，可能会在未来几天内有约1000亿美元高风险衍生品资产抛售。他还认为，由于脱欧，美国经济衰退的可能性更大。

一个多么好的进入2016年夏天的方式啊！数万名专业人士也在处理他们配偶的疑问，她们问“这个周末你到底怎么了”。

如果你纪律严明，完全有系统地交易RSI极端区战略的30/25，你平仓卖出。如果你使用的是25/20，你可能会觉得你逃过了一劫。

在上述任何一种情况下，如果科拉诺维奇是对的，市场将在下周抛售，你要么将头寸翻番，要么进入开盘头寸。不管怎样，根据规则，你要站在华尔街最有影响力的专业人士的对立面，哪怕他拥有纽约大学理论高能物理博士学位。而且，你不仅站在他的立场的对立面，你也站在世界上一些最大的交易公司的对立方，这些交易公司都听从他的意见！

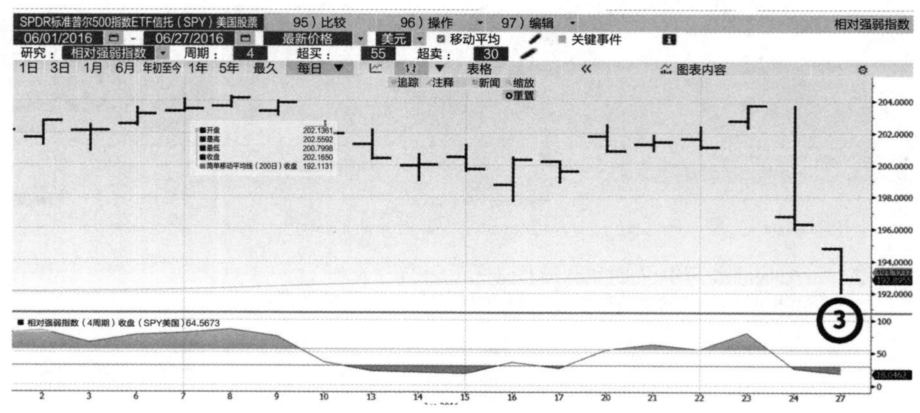

图2.3 SPDR标准普尔500指数ETF信托（SPY）
（SPDR S&P 500 ETF Trust，SPY）

资料来源：彭博金融L. P.
彭博金融有限公司许可使用

3. 6月27日，星期一。科拉诺维奇的设想正在上演（他的报告和几乎所有的金融媒体都在讨论这一点）。SPY的股价进一步下跌，与周四收盘时相比，该公司当天的股价下跌超过5%。有恐慌！

4周期RSI在18点结束，现在你有一个决定要做：要么是接受交易，要么是听取包括专业人士在内的多数意见，不接受交易。一个没有情绪的有系统的定量交易员会进行交易。你有决定权。买入恐惧？或者随波逐流（甚至因为经济衰退的风险增加而做空市场）。没人会认为这很容易。

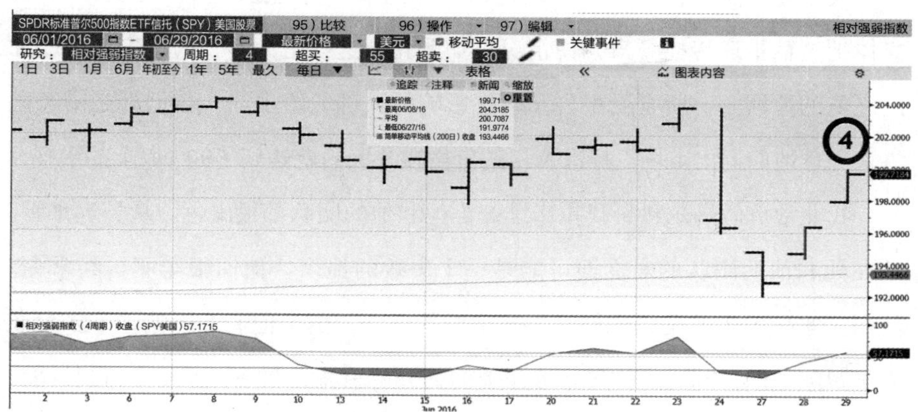

图2.4　SPDR标准普尔500指数ETF信托（SPY）
（SPDR S&P 500 ETF Trust，SPY）

资料来源：彭博金融L. P.
彭博金融有限公司许可使用

4. 6月29日，星期三。在过去的25年中，90%以上的时间发生了这种情况，正确的做法是进行交易。标准普尔500指数出现了广泛反弹，价格收盘大幅走高。4周期RSI收盘价在55点以上，是时候锁定你的收益了。

在情感上，这是一个很艰难的（甚至是残酷的）交易。合乎逻辑的做法是“站在一边，静观其变”。然而如果你相信恐惧买入，你就有了完美的方案。一个安静的市场即将进入一年中的第一个夏季周末，每个人都期待着被一个意想不到的抛售在星期五震动（这一天，可能许多专业人士要么清盘，要么早点离开提前过周末）。由于尾盘大量抛售，市场收盘接近日内最低点，有一位最受尊敬和最具影响力的策略师发布报告称，未来几个交易日可能还会有1000亿美元的抛售。此外，现在美国陷入衰退的可能性也在增加。

理性地思考这一点会导致人们得出要么退步，要么甚至卖空的结论。**它不会引导人们理性地得出买入的结论。**

大市场中交易优势存在是因为人类的情绪，特别是恐惧。这里有恐惧，媒体把这篇报道传播开来，使情况更加恶化。这就是为什么周一价格下跌如此之低的原因——所有受报告和事件影响的人都纷纷出局。他们都是同时抛售。一旦他们退出市场，标准普尔的价格在几天内就达到了90%以上的水平。

我非常尊敬马尔科·科拉诺维奇。他和他的团队都很出色。从长远来看，站在他和他的团队的对立面可能是一个失败的提议。他们很聪明，经常赢。然而，实际发生的是，他们会影响市场的上下，由于他们的影响，许多专业人士跟随他们，同时媒体经常炒作他们的分析（并通常夸大其词）。这种循环会导致两个方向的过度波动，正如你在本例中看到的，它会导致短期恐慌，从而导致巨大的买入机会。

量化上看，根据25年的测试结果，这些将价格带入RSI极端区的恐慌，主要是股票ETF，是买入的最佳时机。这不完美，但当恐惧情绪高涨、抛售持续时，价格往往会进入这些区域。这种恐惧导致价格达到了在购买恐惧时，获得良好补偿的水平。

现在我们来看另一个例子。

2017年4月24日。几个月来，市场策略师一直在警告10年期国债突破3%的水平（最有影响力的一个词——又有一个词——“邦德国王”实际把他的底线定在了3%）。这些担忧已经波及了全世界。如果10年期利率超过3%，预计会对股票价格产生灾难性影响。

1. 收益率升至3%以上，引发了预期良好的抛售。财经新闻分析公司Benzinga（一个我信任的网站）报道了以下情况：

周二上午，10年期国债收益率达到3%的心理水平，引发了人们对通胀可能上升得太快的担忧。迅速上升的利率和通货膨胀会侵蚀公司的利润。此外，固定收益投资的高收益往往会从股市中抽走资金，特别是从股息股中。

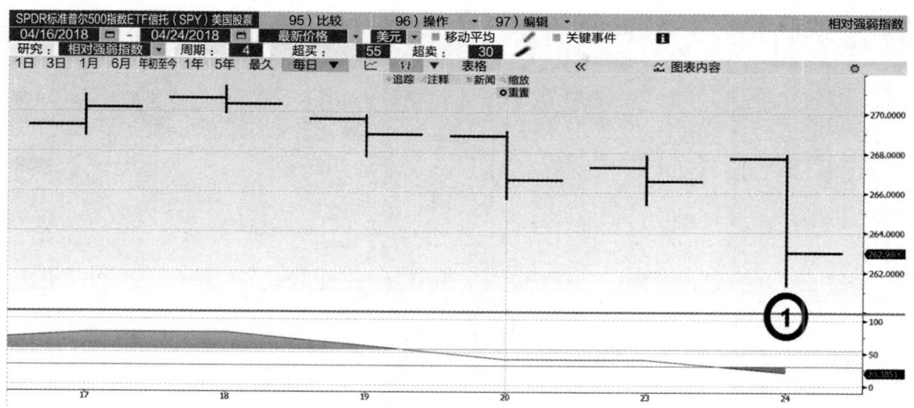

图2.5 SPDR标准普尔500指数ETF信托（SPY）
（SPDR S&P 500 ETF Trust，SPY）

资料来源：彭博金融L. P.
彭博金融有限公司许可使用

更糟的是，收益率曲线——短期利率和长期利率之间的差异—— 一直在变平。在过去，收益率曲线经常在美国经济衰退之前发生逆转。

让我们暂停一下。几个月来，华尔街一些最受尊敬、最受广泛关注的公司和分析师就10年来超过3%的突破发出了警告。通货膨胀侵蚀了公司利润，更高的利率消耗了股票市场的资金，收益率曲线倒转，导致经济衰退。这并不是那种能让理性投资者自言自语的新闻，**“这太好了——我不能输”!**

抛售导致4周期RSI低于30。它还制造了许多额外的恐惧，冲出了胆小的资金，并在买家退居一旁时制造了流动性陷阱。从图2.6可以看出，卖出持续了一天。不是如预期的几周、几个月或几年—— 一天。

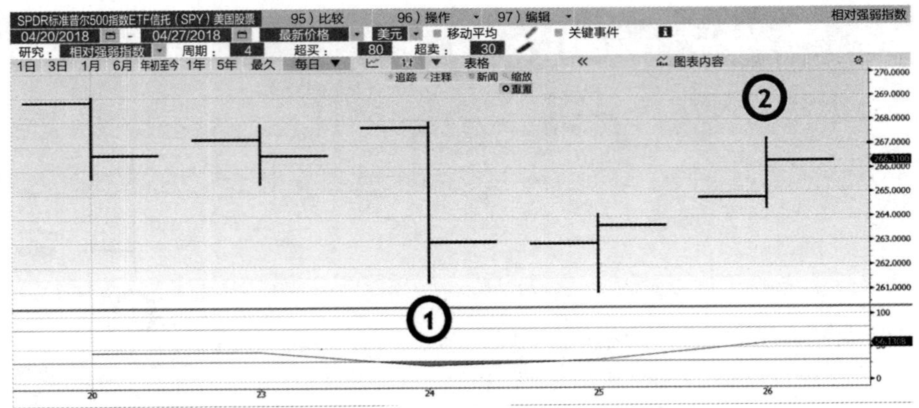

图2.6 SPDR标准普尔500指数ETF信托（SPY）
（SPDR S&P 500 ETF Trust，SPY）

资料来源：彭博金融L. P.
彭博金融有限公司许可使用

2. 恐惧创造了机会。当RSI低于30，而市场高于200日线，这是一个很好的切入点，因为自1993年以来，RSI有超过90%的时间处于30日线，而那些购买恐惧的人得到了回报。SPY反弹，道琼斯指数上涨近300点，两天后发出退出信号锁定上涨。

自1993年以来，在SPY中，我们看到了这种行为，4周期RSI收盘低于30及25进近比例202次。当4周期RSI收盘高于55时，90.59%的时间价格收盘走高。当应用极端区指数25/20时，在恐惧通常更高的时候，这种情况已经发生了147次，并且收市时的退出价格上涨了92.52%。

经验教训

1. 几乎每一次抛售都有其原因。原因越大越好，原因越广泛越好。知名公司和分析师在制造恐惧方面的影响力越大，效果越好。“恐惧是好事！”

2. 4周期RSI低于30且接近200日简单移动平均值的RSI极端区。如果销售继续，在过去25年的标准普尔500指数中，购买规模对量化恐惧的发生地点、何时“更强势的货币”介入并在短期内使价格上涨超过90%起到了无可挑剔的作用。

3. 这些一致的短期优势不是由技术指标造成的。它们是由行为因素造成的，尤其是在普遍存在恐惧的情况下。然后，我们希望（和需要）使用工具来量化这种行为，这些工具一直指向当恐惧情绪高涨且销售情况相当严重时的行为。一旦这种恐惧消退，购买就会在大部分时间内恢复，特别是在长期牛市中。发布一个指标水平，比如4周期RSI低于30，不会对恐惧产生影响。我们最初在15年前和10年前发布了这些RSI级别。从2009年到2017年，历史测试结果变得更好，这要归功于长期的牛市和现在媒体火上浇油的做法。恐惧总是会存在的。买入这种恐惧是你发现价格无效的地方，尤其是在股票指数价格中。

4. 我会在整本书中提醒你：在回溯基础上91％正确意味着9％是错误的。是的，我知道10次中超过9次，但你必须尊重这样一个事实：没有一个时间指示器是完美的。当我们在书中继续前进时，我将讨论限制仓位风险的各种方法。

5. 最重要的是：恐惧是人类固有的。正如我们在第一章所讨论的，乔治·巴顿在近一个世纪前就已经足够聪明地认识到这一事实。巴顿说，恐惧是所有战士的天性，它贯穿了整个历史。我觉得可以肯定地说，如果最勇敢的勇士们在历史上经历过恐惧，那么对于基金经理和交易员来说，也是如此。

CHAPTER 3

第三章

崩盘

一分钟你就赚了50万美元的大豆，下一分钟，嘣，你的孩子们没上成大学，你的宾利被收回了。

——路易斯·温索普三世

《颠倒乾坤》

这是一个关于贪婪的故事。这是一个在华尔街上演了很多天的故事，特别是在牛市。这是一个关于赚大钱和要求赚更多钱的故事。这是一个人们看着别人赚了很多钱的故事，他们因为被称为“错失恐惧”的行为现象而惊慌失措：害怕错过机会。

极端的贪婪往往会造成证券价格的荒谬，尤其是在短期贪婪时，理性的人会失去理智而盲目地购买。然而，正如所有的市场历史所表明的那样，上升的必然会下降。很多钱都是从聪明的钱中赚来的，而另一方面是贪婪。崩盘是我们从贪婪的人那里（合法地）拿钱的策略。

崩盘是一种“卖出贪婪”的策略。这是一种卖空策略，尽管在过去9年里牛市狂涨，但它始终确定并精确指出了个人股票的贪婪程度何时达到了极限，而且在大多数情况下，价格几乎立即回落。

该策略简单、优雅、强大。这也可能是你在心理上最难做到的交易策略。

对于大多数交易员来说，进行崩盘交易是非常困难的，**因为卖空的股票走势通常是呈抛物线的。**其中许多都受到投机者、新闻媒体、社交媒体和大规模空头回补的推动。这些股票通常是“类固醇股票”，类固醇股票让投资者、交易员和投机者最为贪婪。所有的理性都被抛弃了。有时，这些买家是对的，股票继续走高。但更多时候他们是错的——难以置信的是，他们在这些股票涨到那么高之后，还在买入它们，**超过70%的时间他们是错的。**

当这些非理性的买家只因贪婪而购买时，谁会赢？交易员足够聪明，知道贪婪是极端的，他们会很乐意将这些短期的、由贪婪引发的泡沫卖掉。

在他的书《对冲基金市场怪杰》（*Hedge Fund Market Wizards*）中，传奇作家杰克·施瓦格（Jack Schwager）采访了一位名叫吉米·巴洛迪马斯（Jimmy Balodimas）的专业交易员。杰克多年来为他的书采访的大多数交易员都有令人信服的故事。尽管如此，吉米·巴洛迪马斯的故事最引人注目，因为他是唯一一个在这一点上“利用交易员的贪婪”赚大钱的交易员。无论牛市有多强劲，巴洛迪马斯总能在正确的时机介入然后将其卖给贪婪。牛市让大多数卖空者头晕目眩，但在采访时，据报道，通过在合适的时间卖给贪婪的非理性买家，巴洛迪马斯多年来已经赚了数百万美元。正如杰克推断的那样，大多数专业人士都会怀疑是否有人能始终如一地做到这一点。巴洛迪马斯不仅做到了这一点，而且还多年如此，施瓦格的儿子在直接为巴洛迪马斯工作的时候见证了。

如果你读了采访，有一件事很突出。巴洛迪马斯在超买、贪婪引发的情况下混得风生水起。即使当价格对他不利，贪婪也变得更大时，他也不怕变得更加激进。卖出贪婪是吉米·巴洛迪马斯谋生的方式。

我们大多数人都没有他那种天生的本领，也没有在极端情况下卖空的信念。我们需要更进一步，应用严格的、有纪律的量化规则来识别这些时间。

本书是通过定量测试结果来衡量行为金融学的结合，这正是我们在这里对崩盘所做的。行为方面非常重要，因为它创造了优势。大多数崩盘设置都有一种“暴徒心态”。这种暴徒心态创造了极端的超买条件。将行为金融学与定量证据相结合，形成了规范的规则。

现在我们来看看崩盘规则。然后我们将查看测试结果和交易设置示例。这些例子可能会让你大开眼界。它们也会让你更好地了解战略，更重要的是，当你做交易策略时，它们会让你做好准备。几乎没有任何书籍会让你卖空这类股票（通常情况则恰恰相反）。不过，定量结果证实，在过去10年中，这些股票作为一个整体，一直是可靠的卖空候选股。

股票的收盘价必须高于每股5美元。

以下是规则：

1. 股票的收盘价必须高于每股5美元。

2. 过去21个交易日的股票平均日成交量必须至少为1 000 000股。这保证了股票的流动性。

3. 该股100天的历史波动率必须至少为100%。这就确保了我们只关注最疯狂的做空股票。我们还测试了较低的历史波动率水平（60%和80%），测试结果是可靠的，并且包含在其中供你查看。随着我们上升到更高的历史波动率水平，测试结果在百分比正确的基础上和在每个交易的平均收益基础上都有所改善。这很可能是行为成分变得更加明显，因为波动率指数极高的股票往往会进一步吸引非理性行为。我在附加知识部分为你提供了附加测试结果，供你进一步了解。

4. 该股收盘康纳斯相对强弱指数（CRSI）为90或更高。根据我们多年前编写CRSI算法的方式，我们使股票难达到更极端的水平，这样设置读数就更具有参考意义。当一只股票或交易所交易基金达到90以上，这意味着它是极度超买。这不一定意味着逆转即将来临。它只是告诉我们，买入持续存在，总体而言，证券在短期内逆转的可能性更大。

5. 第二天以更高的限价卖空股票。我们测试了高3%和高5%。贪婪的人变得更加贪婪，“错失恐惧”成为一个更重要的因素，卖空者正受到挤压。现在是卖空的时候了。

6. 退出是指当股票收盘时，康纳斯相对强弱指数低于30（还包括收盘时CRSI指数低于20的测试结果）。这使得泡沫破灭，随着恐慌性抛售的发生，贪婪的钱变成了可怕的钱。这是量化的典型气泡破裂行为。

以下是2007—2017年康纳斯相对强弱指数为20和30的收盘测试结果：

表3.1　CRIS在20和30的结果时退场的崩盘战略

幅度指标（%）	CRSI 退场	交易次数	胜率（%）	平均收益/损失（%）	平均持有天数	获胜平均收益（%）	获胜平均持有天数（%）	失败平均损失（%）	失败平均持有天数
5	30	527	71.73	5.00	4.15	11.68	3.04	-11.97	6.97
3	30	719	71.49	3.96	4.32	10.53	3.07	-12.53	7.44
5	20	510	73.33	6.99	11.85	16.88	8.71	-19.65	20.48
3	20	685	70.22	4.41	12.41	15.35	8.62	-21.40	21.33

1. 精神亢奋！Overstock，一家不以传统方式（这是一种轻描淡写）做生意而出名的公司，再次出现在新闻中，其股票在8个交易日内上涨了70%。Overstock公司拥有一家区块链支付初创企业，所有加密货币和区块链都很热门！一天前，其区块链零部门（Unit Zero）开始了2.5亿美元的代币销售，交易员和投资者无法购买足够的OSTK股票。

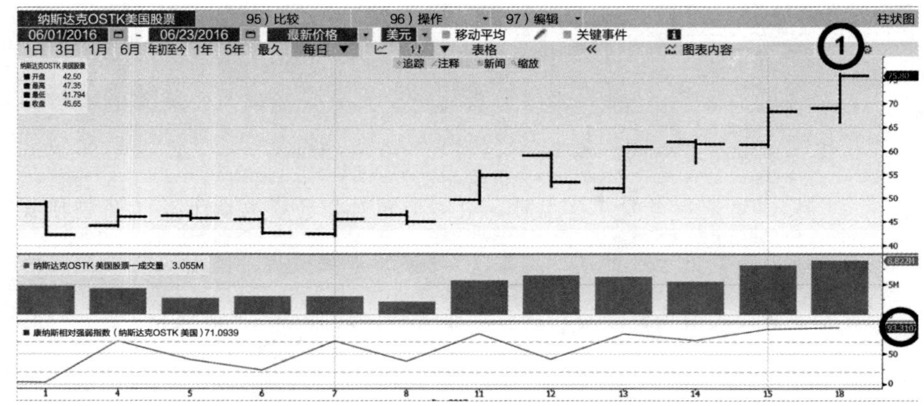

图3.1 Overstock.com公司，纳斯达克OSTK（Overstock.com, inc., OSTK）

资料来源：彭博金融L. P.
彭博金融有限公司许可使用

除此之外，卖空者也在恐慌。一周前，纳斯达克证券交易所（Nasdaq Stock Exchange）报告称，OSTK的空头利率已从32.4%上升至浮动的40％以上。股票的100天高压是一个非常高的102.5%（未显示），康纳斯相对强弱指数是93，你有完美的崩盘风暴。

顺便说一下，我清楚地记得这一天。当时我19岁的儿子大学放假后回到家里，他的高中同学那天晚上来到我们家做客。当我出来迎接他们时，其中一个告诉我他“投资”了比特币，他在交易员乔的工作室做兼职工作。他话语未落，另外的不止三个人就已插话了，说他们也一样（有个说他很肯定自己也投了，还有人帮他“处理比特币”）。

它就在那儿！你、我，以及业内任何人都不需要崩盘指标或任何其他指标判断，比特币和任何与比特币相关的东西的短线接近尾声了。如果你想找理想的交易对立方，我儿子的四个高中伙伴是个不错的开始。

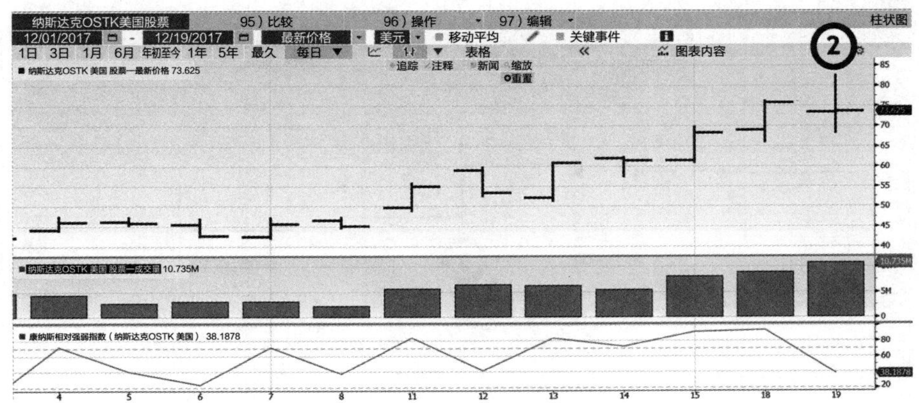

图3.2　Overstock.com公司，纳斯达克OSTK
（Overstock.com，inc.，OSTK）

资料来源：彭博金融L. P.
彭博金融有限公司许可使用

2. 第二天，OSTK在盘中又上涨了5%，在两周内股价上涨了75%以上，然后在当天晚些时候回落。在到达79.59的极限时触发崩盘信号。

3. 一切美好的事物都有结束的一天，比特币泡沫也会破灭。第二天，它即刻就暴跌，与之相随的“一切加密的东西”也一起倾塌。OSTK收于69.50点，一天交易的成交量大幅上涨两位数。拥有比特币的“你不会输”的人群继续观看比特币和OSTK在崩盘信号后损失超过50%的价值……

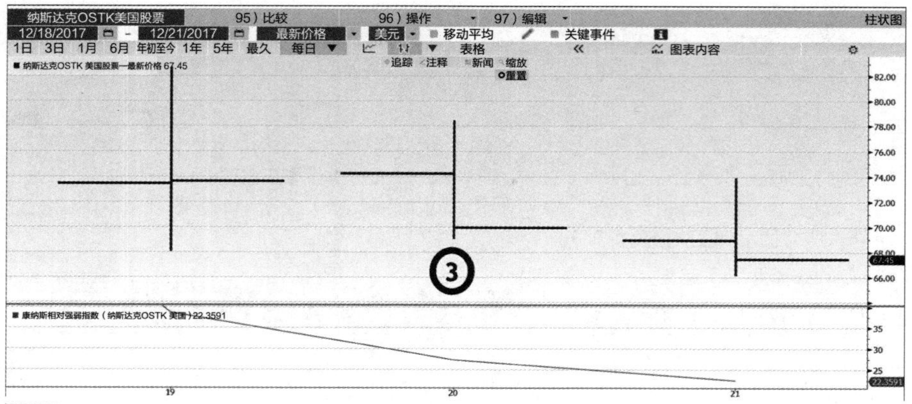

图3.3　Overstock.com公司，纳斯达克OSTK
（Overstock.com，inc.，OSTK）

资料来源：彭博金融L. P.
彭博金融有限公司许可使用

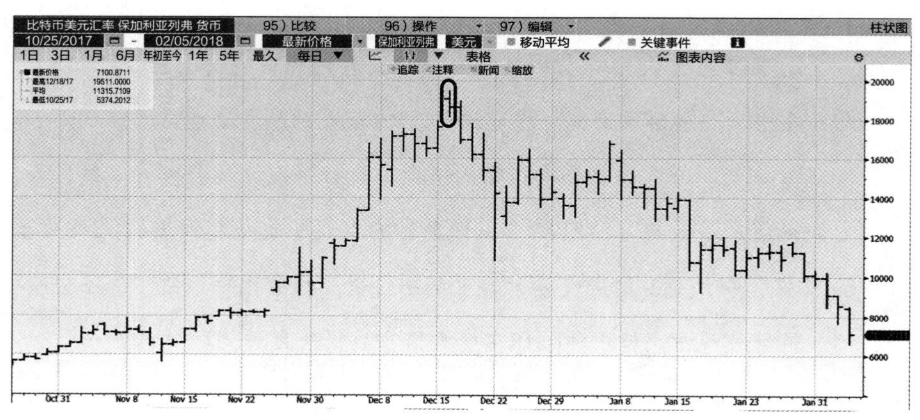

图3.4　比特币美元（Bitcoin USD）

资料来源：彭博金融L. P.
彭博金融有限公司许可使用

图上方框的位置是我儿子的高中同学来我家的那一天。如果你的孩子有野心勃勃的年轻朋友，他们发现了投资财富的关键所在，那么你可能想站在这些交易的对立方。

生物技术类股和收购传闻类股在心理上总是最难做空，因为投机活动猖獗。不过，这些因素造成了不合理的价格和历史上的短期交易优势。

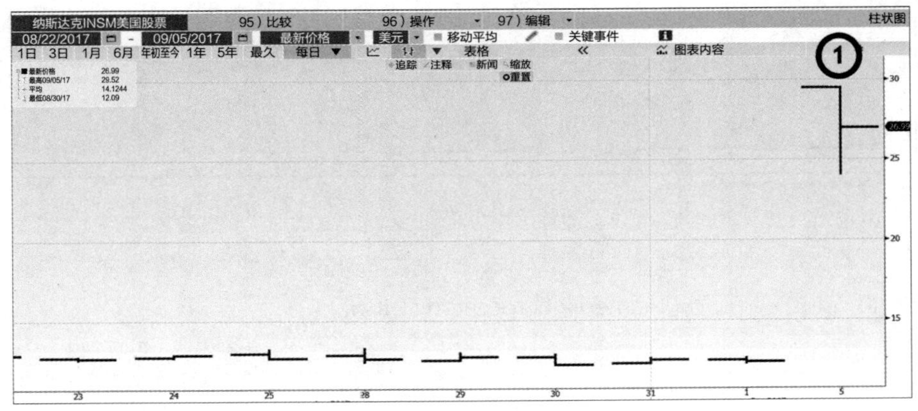

图3.5　英史密斯公司（Insmed Incorporated，INSM）

资料来源：彭博金融L. P.
彭博金融有限公司许可使用

1. 在这个例子中，INSM获得FDA的认证，它能帮助清除肺部感染。股票因消息而飙升。

2. 在这种情况下，这只是一个大的上涨太多的问题。这种过度的波动往往是由未来的投机行为以及大量的买断谣言所造成的。限价卖空。

3. 最后的买家回吐获利，他们支付了高达30美元/股的价格，现在已经亏损，这进一步推动了抛售。几天之内，INSM损失了超过其价值的10.5%，利润被锁定。

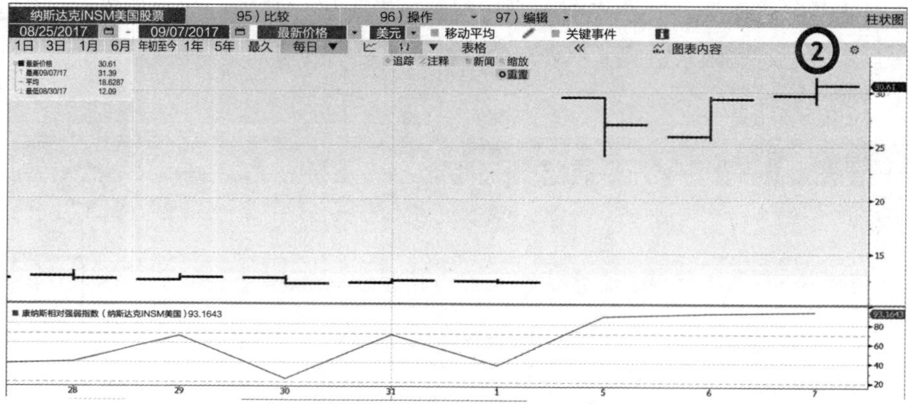

图3.6　英史密斯公司（Insmed Incorporated，INSM）

资料来源：彭博金融L. P.
彭博金融有限公司许可使用

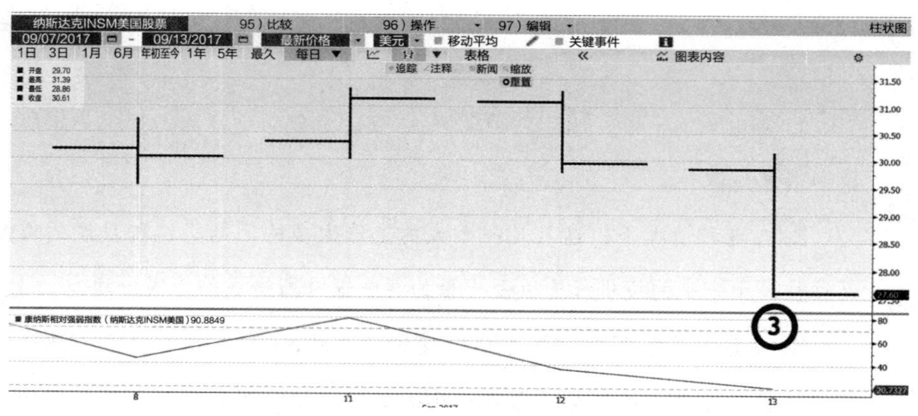

图3.7　英史密斯公司（Insmed Incorporated，INSM）

资料来源：彭博金融L. P.
彭博金融有限公司许可使用

HTG分子诊断（HTGM）是一家用于分子分析应用的仪器和服务公司，从未产生过运营利润。

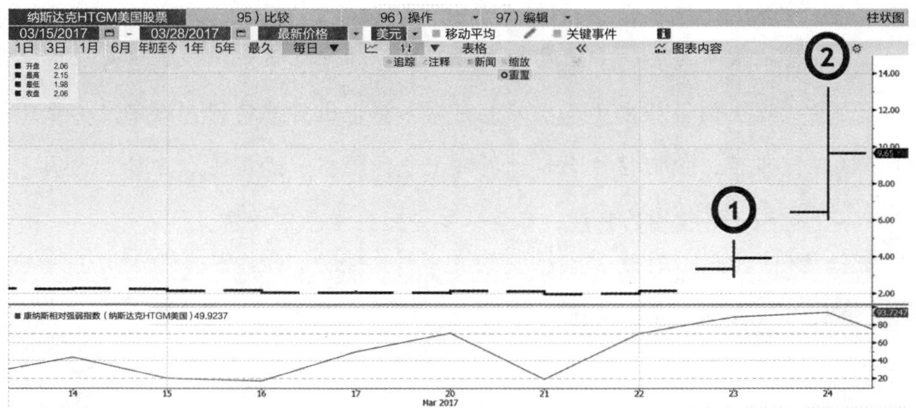

图3.8　HTG分子诊断公司（HTG Molecular Diagnostics，Inc.，HTGM）

资料来源：彭博金融L. P.
彭博金融有限公司许可使用

1. 2017年3月23日，这家公司宣布，他们拥有的新技术能搞好另一家公司的技术。讨论区疯狂地推测一切投机可能，从确定的盈利能力到被收购。CRSI在88点收盘，所以我们没有设置。

2. 第二天，在当天上涨超过200%后，股票因收购猜测而上涨66%（疯狂！）。CRSI收于94点，如果股价在盘中上涨5%，则下一个交易日将触发一个做空信号。

投机者和股东们现在有个周末的时间来梦想他们将获得多大的财富。“错失恐惧”的观众有周末的机会意识到他们错过了一次千载难逢的机会。他们知道他们需要加入进来！

3. 星期一早上。由于市场对该公司的投机情绪高涨，该公司股票缺口超过20%。崩盘信号在打开时触发，然后泡沫破裂。

上周末在这里看到的行为最初是在20世纪80年代后期由拉里·威廉姆斯（Larry Williams）讨论的，他是技术分析领域的伟大先驱之一。拉里根据这个周末的差距效应创造了一个非常成功的期货策略，他命名为

“糟糕”。

糟糕策略与周一早盘期货市场的缺口相反。这种逆转策略背后的原因是心理上的。买方（或卖方）在周末制造压抑的情绪，通常是由于一些新闻事件，他们往往会超过周一上午的价格。恐惧（或贪婪）在周一早上达到了最极端的程度，而且这些差距经常急剧逆转。

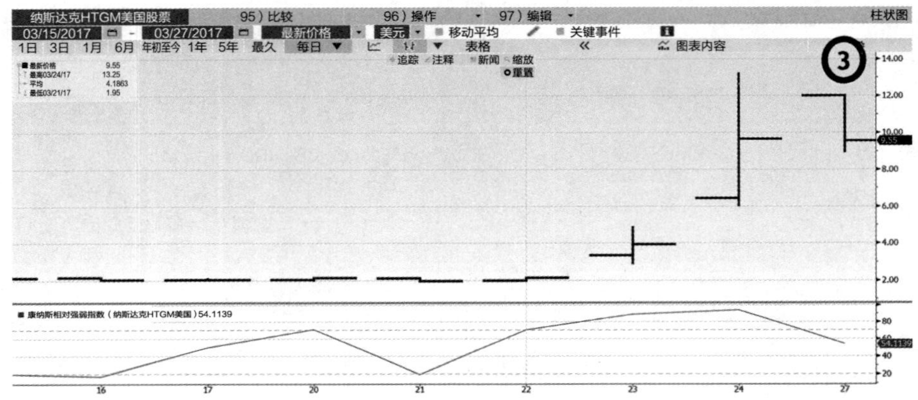

图3.9　HTG分子诊断公司（HTG Molecular Diagnostics，Inc.，HTGM）

资料来源：彭博金融L. P.
彭博金融有限公司许可使用

在HTG分子（HTG Molecular）的帮助下，交易员有了周末的时间来进一步提升自己。交易另一方的专业人士也不蠢。他们知道这一买盘即将到来，他们放弃了，让价格尽可能高。然后，他们卖出这些巨大的购买需求。这正是HTGM在周一开盘的表现。

4. 第二天，随着销售的继续，股票缺口缩小，HTGM收于7.30，比昨天的开盘价低了近40%。当CRSI指数低于30时，锁定增益的时间。截至2018年写完这本书（一年多后），HTG分子诊断公司尚未实现季度利润，也没有像预期的那样被收购，其交易量比2017年3月的崩盘水平低70%以上。

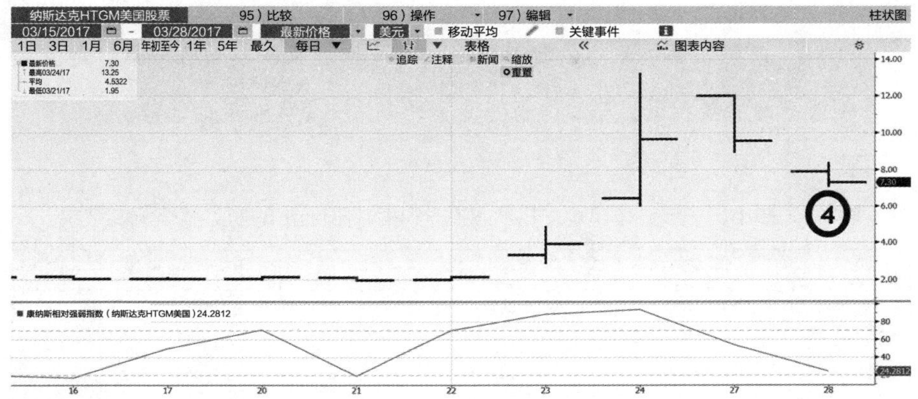

图3.10 HTG分子诊断公司（HTG Molecular Diagnostics，Inc.，HTGM）

资料来源：彭博金融L. P.
彭博金融有限公司许可使用

另一个值得注意的是：尽管我们刚刚看了两个例子，股票在崩盘后出现了显著的长期损失（OSTK和HTGM），但崩盘是一个量化的行为短期交易策略，贪婪卖出。这不是卖空和零持仓策略。

我们期待着进入贪婪最高的时候（你可以看到这一点，尤其是在Overstock和HTG医疗诊断的例子中），并锁定股票反转时的收益。是的，有些贪婪确实更低一些，但也有很多会更高一些。我们不希望长时间处于这些仓位。我们的目的是系统地等待购买达到极限，然后再进行卖出。自2007年以来，超过70％的时间崩盘策略成功地达成了这些。

其他知识

1. 从2007—2017年，标准普尔500总回报指数（SPXTR）11年中上涨了有10年。自2009年以来，标准普尔500指数连续9年上涨（包括股息）。然而，面对这一强劲的上升趋势，股市崩盘已经使超过70%的信号变得有利可图，在这段时间内，每笔交易的净平均收益为正。

2. 正如我前面提到的，我们还测试了较低的历史波动率水平（60%和80%），以便了解该策略的稳健性。由于个别股票的波动性较低，与波动性最高的股票相比，测试结果创造了更多的交易和略低的优势。

表3.2　最小历史波动率60%、80%和CRSI指数30退出的崩盘策略测试结果

幅度指标（%）	CRSI 退场	交易次数	胜率（%）	平均收益/损失（%）	平均持有天数	获胜平均收益（%）	获胜平均持有天数（%）	失败平均损失（%）	失败平均持有天数
5	30	527	71.73	5.00	4.15	11.68	3.04	-11.97	6.97
3	30	719	71.49	3.96	4.32	10.53	3.07	-12.53	7.44
5	20	510	73.33	6.99	11.85	16.88	8.71	-19.65	20.48
3	20	685	70.22	4.41	12.41	15.35	8.62	-21.40	21.33

表3.3　最小历史波动率60%、80%和CRSI指数20退出的崩盘策略测试结果

幅度指标（%）	CRSI 退场	交易次数	胜率（%）	平均收益/损失（%）	平均持有天数	获胜平均收益（%）	获胜平均持有天数（%）	失败平均损失（%）	失败平均持有天数
5	30	527	71.73	5.00	4.15	11.68	3.04	-11.97	6.97
3	30	719	71.49	3.96	4.32	10.53	3.07	-12.53	7.44
5	20	510	73.33	6.99	11.85	16.88	8.71	-19.65	20.48
3	20	685	70.22	4.41	12.41	15.35	8.62	-21.40	21.33

更高的历史波动率滤波器显然会导致更少的交易设置（这是一个更严格的要求），并获得最高的回报。历史波动率要求越低，交易越多，结果越少。总的来说，从100天的历史波动性来看，股票越疯狂，代入的情

感就越强烈（这是直觉）。理想情况下，我们希望这种情绪尽可能狂野，因为我们从统计上看，这是做空出现最大反转的时候。

3. 崩盘股票是上涨的失控股票。关于这些股票为何（永远）不会再下跌，通常有一些故事（通常是疯狂的故事）。突破性技术、必备产品、无限增长潜力、收购谣言（这种事太多！）以及许多猜测（包括新闻和网上信息操纵）将这些股票推到了不可持续的水平。不过，最终，正如你从测试结果中看到的，大多数人回归现实（股市崩盘了），胜利者是那些在正确的时间卖空它们的人。

4. 我们知道，在2007年至2017年的11年期间，没有任何其他卖空策略具有70%的正确率，每个交易的平均收益如此之高。许多年来，市场整体大幅上涨，但崩盘正确预测了70%以上的价格下跌。现在想象一下当持续的熊市出现时，会发生什么。

5. 测试结果不包括借用能力，也不包括使用保护策略。为了同时解决这两个问题，这一策略可能是本书中买入深度实值看跌（Delta-80或更高看跌）的最佳策略。原因有五：

a）无论策略如何，你都不能预先确定任何空头头寸的美元风险。你可以通过看跌预先确定你的美元风险——这是看跌的总成本。如果有流动性期权，你可能希望将它们与此策略一起使用。当崩盘（或任何空头策略）是错误的（正如你从亏损的交易中看到的，崩盘的次数是错误的，有时是非常错误的）时，这也可以保护你免受开放式风险的影响。

b）对于看跌，你无须担心借入股票的能力。

c）深度实值看跌将在逐点基础上相当贴近地移动，复制股票的走势，特别是如果股票大幅下跌。Delta-80看跌最终会向Delta-100看跌靠拢，这意味着它们越是深实值看跌，越是接近到期。

d）由于这些股票有很大波动性，期权的价差趋向更宽。订单可能需要被处理。好消息是，你正在为交易的另一方提供流动性。这意味着，随着股票价格越是上涨，其看跌的定价往往越是下跌。当看跌价格下跌时，你作为看跌的买家，在提供流动性。

e）看看CRSI指数20，收盘100天的历史波动率，股票的每笔交易获胜的平均收益。这些信号的平均涨幅一直超过15%（这意味着盈利交易），而这些股票在平均涨幅超过15%时已触发了退出信号。这些显然是在几周的持仓后获得的巨大收益，也清楚地表明买家在达到这些极端水平后买入这些股票，是多么的不理性（和贪婪！）。

崩盘是我们创建的唯一最佳短期卖空策略。销售贪婪的行为方法是用这种策略量化的，除非人类行为发生变化，否则这些机会在未来几年内可能会一直出现。

CHAPTER 4

第四章

波动率交易

胜兵先胜而后求战。

——孙子

VXX的简史和一个测验……

现在是2009年1月29日。今天有一个公告，一个令人兴奋的全新产品VXX指数基金将进入交易市场。这种激动人心的新工具旨在“保护你的投资组合”，使其免受波动性上升的影响。

回顾上一年（2008年），如果你看多股市，你一定希望自己手头有像VXX这样的指数基金。这个产品是交易所交易票据类别中的一种新保险形式，它是个一直看涨VIX（期权波动率）期货的指数基金。对于波动率指数期货，在隐含波动性上升时，只要你有VXX指数基金，你就能赚钱。理论上VXX指数基金实现的就是这样一件事。据推测，如果波动率像前一年一样上升，而你拥有这个新的指数基金产品，人们相信你会对冲你的投资组合。或者更胜一筹，你会赚钱——可能是很大的一笔！

这是个好消息。

现在，我们看之后一年的情况。这个全新的指数基金引起了人们极大的兴趣。但自从上市以来，市值下降超过了65%。好吧，也许只是这12个月不好。

但是抱怨已经开始了。

现在让我们看看到2011 年底，差不多3年后。这个激动人心的新产品，失去了自上市以来90%以上的价值。很多文章都说这个产品有问题（我们的研究公司是那些发表了少量研究文章的公司之一），但它的交易量仍然很大。交易就得有买方和卖方吧。那么，哪个头脑正常的人会买入呢？

现在，我们将向前迈进5年，到2014年底。自问世以来，这个产品已经损失了超过99%的价值。**它从2009年开始，每年都在下降！**

现在让我们展望一下2017年12月31日——在该产品上市8年后。它平均每天交易近3 000万股。现在它损失了99.99%的价值。1：4 的反向股票分割后，它的价格被调高5倍重置。反向分割是指公司将价格增加x倍（VXX会一直将价格乘以4），并减少股东持有的股份数量。例如，如果VXX的价格是8美元一股，而你拥有1 000股，那么在1：4反向分割的情况下，价格会在一夜之间飙升至32美元，但你现在只拥有250股。价格上涨4倍，股票数量变为原来的1/4。

你可能会问，为什么像这样的安全系统会保持反向拆分？**主要原因是保持交易。**在这种情况下，如果不继续反向分割，持续不断的价格侵蚀最终将使其降到一分钱以下。它主要有利于，包括支付“管理费”的VXX发行人和从持续的日常活动中获得佣金的经纪公司。

既然我们已经了解了VXX的价格历史，那么让我们回到2011年。你已经看到了自2009年以来这个产品所发生的一切，你很可能已经阅读了一些关于“VXX的构建是为归零”的文章。

我们现在有一个小测验：

在看了这个交易产品的故事后，你会在2011年……

a）设法看多这个交易产品？

或

b）设法看空这个交易产品？

你想选哪一个？这个产品的买方还是卖方？每笔交易都需要有买方和卖方，你想站在哪一边？

我估计有99.9999%的人会选B。

现在让我们跳到2014年。我们知道VXX的侵蚀是无情的。从一开始就下降了99.9%，而且每年都亏损。你会认为没有一个头脑正常的人会买这个产品。但事实并非如此。产品的销量正在上升。它实际上越来越流行了！它下降超过99.9%，每天仍有买家！

测验第二部分：

2014年……

a）你现在是VXX的买方吗？

或者

b）你现在是VXX的卖方？

测验第三部分：

现在让我们看看8年后的情况。现在是2017年。VXX自2009年以来已5次反向拆分，上市以来已下跌99.99%，年内日均成交量创历史新高。

不进行提问了，我直接假设你选了B（如果你在这里回答了A，现在就可以把书合上了）。

在这一点上，你很明显地意识到VXX有一个主要的固有的方向性偏差，除非证明了有其他的情况，否则**"下行的道路阻力最小"**!

对我（和我认识的每一个专业人士）来说，这件产品每天都有买家，这真是太不可思议了。VXX不仅没有消失（我估计它会在2011年左右出现），而且它比以往还更受欢迎！

VXX最初是以良好的意图出售的，作为对冲，以保护你的投资组合免受波动性上升的影响。这是一种为应对2008年市场抛售而上市的产品。然而，从本质上讲，它是一个结构上有缺陷的产品，实际上（无意中）被构造为归零。是的，它有时会上升，尤其是在2011年8月、2015年第四季度、2018年2月和3月。但总体而言，这是投资者和投资顾问购买产品作为保护的一个资金坑，而且很可能会永远这样。

在我们研究交易VXX的两种量化方法（以及保护自己免受其短期运行次数增加的影响）之前，让我们先看看VXX失去价值的原因。有两个原因——一个原因虽然一直被讨论，但在我看来第二个原因才是关键。这是VXX的结构方面——这可以让你了解侵蚀发生的原因。一旦我们从结构上看，我们就会看到行为成分——谁实际上在购买这个产品，他们为什么要购买它？这会使我们充分理解为什么它以上面所说的方式进行交易，之后我们采取两种不同的策略：一种是短期恐慌策略，另一种是趋势跟踪策略，如果VXX的未来9年看起来像它的头9年，我们就能上车。

了解VXX的结构——为什么被构造为归零

很多人认为VXX失去价值的主要原因是期货溢价。我马上会解释什么是期货溢价。在我看来，重要的是要记住，这只是原因的一部分。第二个原因与第一个原因同样重要，结合起来，它给出了VXX为什么会侵蚀它的方式的公式。在我们研究这两个原因之前，你应该首先了解VXX是如何构造的：

VXX机制

原因1：期货溢价

维基百科将期货溢价描述为：期货溢价是指商品的**期货价格**（或远期价格）高于期货合约到期时的预期**现货价格**。在期货溢价的情况下，套利者/投机者（非商业投资者）“愿意在未来某个时间点为一种商品支付比（在未来某个时间点）该商品的实际预期价格更多的钱”。

简单地说，如果波动率指数期货期限结构处于期货溢价，意味着波动率指数期货的前一个月的交易价格低于第二个月（这在20多年来的大部分交易日都发生了），那么当VXX必须退出前一个月并用下一个月取代它时，正如它一直必须做的那样，它将低卖高买。

下面是一个简单的例子。

5月波动率指数期货价格为14。

6月波动率指数期货价格为15。

当VXX必须从5月滚动到6月时，它们以14卖出，在15买入。现在想象一下，在2009年以来的大部分交易日里进行这项交易，你开始意识到随着时间的推移，这不会是一个盈利的局面。

由于VXX必须连续滚动，因此经常会出现滚动损失。是的，有些时候，它会因为波动率指数期货上涨而上涨，特别是在重要事件发生之前，或者市场有恐慌的时候。波动率指数是资金经理的保险，当他们觉得需要为他们的投资组合保险时，波动率指数期货是最简单的保险手段之一。但总的来说，这种滚动成本会侵蚀VXX的价值，据估计，滚动成本平均每月约为4%。这意味着，平均而言，人们可以预期VXX每月从这些成本中损失约4%。

旁注——这还有更多的原因，因为它背后的公式在数学上是复杂的，这导致了网上关于“期限结构”和“滚动收益率”究竟如何工作的各种争论。如果你想更深入，可以从期权策略师拉里·麦克米兰（Larry McMillan）写的一篇文章开始，文章标题为《对波动率指数期货期限结构的误解》（*Misunderstandings about the VIX Futures Term Structure*）。

现在让我们更深入地研究这个问题。一个月亏损4%的企业是一个不会太长久的企业。只有VXX这个例子，通过使用反向分割和其他人的钱，已经维持经营9年并且还在运营。只要它能找到这个产品的买家，同时又有能力反向拆分，它就可以继续经营多年。

原因2：波动率溢价

原因1是为什么VXX会侵蚀的标准原因。然而，原因2也同样重要（而且讨论的次数也较少）。

我将一步一步地向你介绍这一过程，以便你了解波动率溢价：

1. VXX由波动率指数期货组成。

2. 波动率指数（VIX）和波动率指数期货（VIX futures）是由市场参与者认为未来30天将发生多大波动的估计组成的。这就是所谓的“隐含波动率”。如果波动率指数为16，这意味着波动率将在下个月上升16%（年化）。当市场平静时，波动率指数往往会走低，因为市场暗示波动可能会更低。当市场暴涨时，波动率指数飙升，因为市场参与者认为标准普尔500指数的每日走势将更大。

用最简单的术语来说，波动率指数期货被视为保险。如果市场参与者认为市场有很高的抛售潜力，他们将为波动率指数期货支付更多的费用。这和南佛罗里达州的居民认为在几天内一场巨大的飓风袭击他们没有什么不同。在风暴来临的前几天，他们会为保险支付更多的费用，这与投资组合经理在他们感到市场波动或崩溃时，会为保险支付更多的费用没有什么不同。

标准普尔500市场保险的价格不断变化。它通常会在经济事件、美联储会议、全球动荡以及任何引起关注的即将到来的事件之前出现。然后经常在事件过去之后，特别是如果最严重的恐惧没有消除（且经常是这样），波动率指数的价值会下降。保险需求减少，而那些购买保险的人出售他们购买的东西。这种节奏已经存在了几十年，不太可能改变。记住，**市场是由人类组成的，而人类的大脑中存在根深蒂固的恐惧机制。**投资组合经理会在金融市场购买保险，以保护他们的投资者。**他们也会购买保险来保护他们的工作。**

3. 众所周知，大多数（如果不是全部）保险定价过高。这是一个笼统的说法，但总的来说，这是真的。波动率指数期货是一种保险形式。是的，从整体上看，它的定价历来都很高，就像其他类型的保险一样。

衡量这一点的一种方法是，看隐含波动率与已实现波动率之间的差数。隐含波动率是保险成本。已实现波动率是标准普尔500指数实际每日变动产生的实际波动率。回顾过去的25年，大多数时候，已实现的波动性已经低于市场预期。这进一步指出，在过去的两个半周期内，隐含波动率被高估了80%以上！购买市场保险，大多数时候，并不是一个很好的投资。

那么，为什么专业人士知道这一点，还买入波动率呢？正如我提到的，其中一个原因是保险方面——它购买保护，特别是在每一天的事态发生之前。第二个原因是它经常被用作灾难性保险——如果“9·11”事件再次发生（希望它永远不会发生），这意味着对没有人能够预测的事件，投资组合保险会弥补你可能的损失。这就是2008年发生的事情。购买保险——在2007年底购买1年期波动率指数期货（VIX期货）——这在2008年末看起来非常明智。

这对VXX意味着什么？这意味着它所拥有的基础波动率指数期货在

80%以上的时间里定价过高。VXX正在购买历史上定价过高的保险。随着时间的推移，已实现的波动率小于隐含的波动率，它在赔钱。**VXX含有定价历来过高的保险。**它没有别的选项。产品招股说明书说，不管价格有多高，它都必须含有这些保单。

把碎片拼起来

所以，现在让我们把这些碎片拼在一起。

1. VXX拥有近期的波动率指数期货。当它需要推出VIX期货时，大多数时候它为新期货支付的钱比它卖出的要多。这就是所谓的期货溢价（即升水），平均每个月VXX持有者的成本约为4%。

2. VXX拥有的波动率指数期货本身定价过高。和大多数保险一样，价格太高了。在大多数时候，波动率指数期货的价格一直过高。对任何东西的持续过度支付都会侵蚀底线。

这样你就看清楚了。自2009年交易开始以来，月度滚动成本加上高价产品的交易已导致超过99.9%的损失。是的，市场可能会抛售，VXX将迎来它的好时光（就像2011年8月和我之前提到的其他一些时期一样）。但正如你所看到的，它被构建为归零。而任何被构建为归零的东西，都应该考虑寻找从做空头盈利的方法。

VXX的行为成分

这时，你可能会对自己说："谁会在头脑正常的情况下买这样的产品？"其实，有很多买家。我决不能说这些买家没有他们购买的理由。**但总的来说，这些原因不是数据驱动的原因——它们是行为驱动的原因。**让我们来看看有哪些。

1.顾问

大学毕业后不久，我在波士顿的美林证券公司开始了我的职业生涯。那是1982年，道琼斯指数在700多（正走向600多），我是迄今为止办公室最年轻的雇员。俗话说，牛市让我们所有人都成为天才，1982年8月，美联储主席保罗·沃尔克，通过开始美国历史上最大幅度的利率下降，让我们所有人成为天才。5年后，道琼斯指数上涨了超过400%。是的，我在28岁的时候就已经成熟了，在那个时期，业内的其他人都是天才。

在接下来的7年里，我和数百名财务顾问一起工作（职位变动了很多次，但职位描述保持不变）。许多和我一起工作的人都做得很好，许多人继续拥有八位数和九位数的净值，实际上其中一个甚至是一家主要金融网络的明星。随着许多同事的成功，有一个变量是不变的。**每个人之间的知识差距很大。**在大多数领域，知识与职业成功之间通常存在着相当紧密的联系。而在咨询行业中（我已经以其为生近40年），顾问间的知识差距很大。

一方面，我和那些继续创建成功资产和咨询公司的人一起工作。这些人努力工作，以市场为生，以保持学习的哲学来创造自己的成功。

另一方面，我与其他和第一组具有相同职业成功的人一起工作。这些人非常善于筹集资产，这是建立一家成功的咨询公司的关键组成部分，因为他们是在管理资产上获得报酬。但是，当谈到投资知识时——嗯，我们只是说缺乏。即使只是订阅《华尔街日报》（*Wall Street Journal*）这样的事情，他们也没有兴趣去做。读一本关于投资的书？不适合他们。讨论市场或即将发生的宏观事件或研究技术或定量策略？回答通常是“为什么”。我绝不以贬低的方式说这个。我这样说是为了让我们更好地了解谁购买了像VXX这样的工具，以及他们为什么要这样做。没有指责的意思。我只是想让你们知道在交易的另一边是什么样的人。

我不再像很多年前那样，每天都和各种各样的顾问打交道。但根据我目前与专业人士的谈话，现在似乎是“年代不同了，日子却还是老样子”。一些与顾问打交道的专业人士还在告诉我说，许多顾问很在意他们和他们的团队，为了确保自己了解客户的一切，是多么的努力。这就是大多数顾问。

在另一边，仍然有很多顾问关心他们筹集资产的能力，而关心自己的投资知识是次要的。第一组，他们的客户可能永远不会存在看多VXX。**第二组，你要做他们交易的对立方，特别是时机合适时。**

2. 不知情的散户交易员和投资者

VXX由零售交易商和投资者组成。并非所有的散户交易员都是傻瓜（事实上，学术界许多人都很聪明）。但当涉及交易市场时，他们并不像专业的波动率交易员那样聪明（整体来说）。如果你花时间在某些网站上，这些网站会迎合那些有留言的散户交易员，并且你看看VXX上的讨论，你就会明白我说的是什么。此外，你也可以订阅Finviz.com，一个非常棒的数据和信息聚合站点。将VXX放在符号框中，在报价页面的右侧，它汇总了包括VXX在内的每一种交易证券的实时在线交流。围观VXX上的对话和评论是一个令人大开眼界的过程。我还给我的一个职业交易员朋友也看了。他的直接反应是“我怎样才能站在这些人的交易对立面”。

并非所有留言板上的评论都是不好的——事实上，有些评论有很好的见解。但总的来说，这些并不是交易VXX的专业人士——他们是散户，他们的成熟度有限。是的，当你看了一整天的评论流时，你可能会有同样的反应。你会说“我怎样才可以站在这些人的交易对立面”。

3. 恐惧推动的资金经理、投资者和交易员

VXX已然成为事实上的工具，每次市场抛售或预期抛售时，它都会吸引

那些仍然相信它将保护其投资组合的恐惧资金。在几天甚至几周内确实如此，但在9年内它已经下跌了99.9%。所以除非我们看到一个单向的大规模熊市，或者他们改变VXX的结构，否则它永远不可能如那些恐慌资金预期的那样，保护它们。因为他们很害怕，所以他们在买入价格经常过高、结构有缺陷的产品。在适当的时机，你要站在他们恐惧的另一边。

4. 看跌的短线投机者

这和上一面是同一组，但他们了解VXX有一个长期下行的偏差。他们多是狙击短线的交易员，希望购买VXX并迅速获得一个更高的波峰。他们不一定是傻钱——但他们也是买方，他们在定价和流动性中发挥着作用。

5. 赌徒

我不认为量化交易、行为交易和投资是赌博的一种形式。我们不是在找操作，而是在找优势。

VXX是一种波动率工具，所有具有波动性的证券都会吸引渴望采取行动的赌徒。赌徒们希望能拿分，而VXX的得分方式是漫长的，因为它的上升速度比下降速度快得多。是的，大多数时候它会下降，但在几天里它又会上升，且偶尔会是极为显著的上升。赌徒们喜欢这个（就像中了彩票或者玩老虎机大中一笔）。当问到“谁会在头脑正常的情况下买这样的产品”时，他们也被列入买家列表中。

你有了“谁会买VXX”的答案。我决不对这些人的性格作出任何指责。大多数人都是出于好的动机，而且和所有其他人一样，除了赌徒（主要是渴望采取操作）外，所有人都在寻求赚钱或对冲投资组合。

交易是一种知识游戏。这也是一个“了解你的对手”的游戏。知道谁是你的交易对立方，会给你一个行为上的优势，特别是如果你理解他们为什么要交易。

概述

我们了解到：

1. VXX在结构上有漏洞。大多数时候，它的期货交易成本通常每月产生4%的成本。它被设计为归零。

2. VXX拥有一种基础期货产品——波动率指数期货，与历史实现价值相比，该产品的定价过高。

3. 我们已经确定了VXX主要的五类买家。他们作为一个整体，除了VXX几次运行得更高之外，这个群体并不是“世界上最聪明的钱”。这些钱中的大部分是不知情的，由恐惧驱动的，或干脆就是赌资。

现在让我们把学到的知识，应用于VXX均值回归交易策略和VXX趋势跟踪策略中。

CHAPTER 5

第五章

量化恐慌

正如我们现在已经了解的，下行偏差是VXX所固有的，由于它的这种构造方式，它需要大量的恐惧才能进入超买状态。因为几乎持续的期货溢价，加上VXX对波动率指数期货的基础持有一直被高估，所以本质上期货溢价是在对抗重力。但是当VXX超买真的发生时，对即将发生或正在发生的事件，市场上有很高的恐惧。

什么时候恐惧高涨，有很多测量方法。当应用定量方法时，我们希望有特定的规则来衡量恐惧。我们不是要“感受”这种恐惧（尽管通常可以通过观看或阅读主流媒体来判断）。我们是希望使用结构化规则来“精确衡量”恐惧，这些规则告诉我们市场中历来存在很大的恐惧，VXX很高。历史上在这种测量水平做空VXX，导致了VXX价格在短期内大部分时间都在下降。

有了VXX策略，我会教你两种精确的方法来做到这一点。一个是，只持有VXX空头仓位几天（非常短的时间）。另一个是，持仓更久一点，这既能让恐惧消退，也能让VXX的结构在平均几周内自动作用。

测试结果从VXX开始进入交易（2009年1月）到2017年底。在量化恐慌策略中，我们经常会看到市场恐慌。当人们害怕时，市场会害怕。他们过度使用VXX作为保护（一次又一次，非常糟的保护）。他们想要的保护，我们提供给他们，并且如你将看到的，**通过应用以下规则，在他们恐惧时买入，你有超过90%的时间能获利。**

以下是量化恐慌策略的规则：

1. VXX的交易价高于其5周期移动均线，其4周期RSI指数高于70。卖空VXX。

2. 如果其收盘价低于其5周期移动均线，则收盘时买入VXX。

如果市场和VXX是有效的，那么大约50%的时间都应该是正确的。有人会说，由于波动率恢复到平均值，这个百分比应该更高一点，可能是53%—55%。

事实上，这种简单的两规则策略74.04%的时间是对的，发生了104次，即平均9年来每月不到一次。平均持有期不到4个交易日。

几乎每4次有3次他们会感到担忧或害怕，并将VXX提高到上面所测量的水平，价格迅速反转，3/4的时间他们错了（卖空者是正确的）。

这是一个良好的开端。我们能做得更好吗？让我们看看。

让我们按照上面的规则，变得更具侵略性，如下所示：

1. VXX交易高于其5周期移动均线，其4周期RSI指数高于70。收盘时卖空VXX。

2. 如果VXX收盘价高于入场价，则卖出第二单位VXX（成倍加仓）。

3. 如果VXX收盘价低于其5周期移动均线，则在收盘时买入。

以下是2009—2017年的测试结果：

交易次数：104信号

胜率：81.73%

获胜平均收益：3.19%

平均持有天数：**少于4天**

超过4/5的信号已经盈利。以VXX价格上涨衡量，这额外一天的担忧，导致了VXX价格的不对称下跌。

现在让我们看一个更保守的方法，一个可以**扩展到**完整仓位的方法。这意味着，当VXX超卖时，你试水卖出一小部分，而不是一个完整的交易单位。如果VXX继续上升，你做空更多，直到出掉一整个的交易单位。这可以使用如下所谓的2-3-5比例进近和1-2-3-4比例进近来完成。阅读下面的规则，你更容易理解这些比例进近：

1. VXX的交易价格高于5周期移动均线。

2. 它的4周期RSI指数高于70。

3. 在收盘时卖出全部VXX的20%。这意味着，如果你整个交易单位的规模假设为50 000美元，你将卖出50 000美元的20%，即10 000美元。

4. 如果你在任何时间处于收盘状态且收盘价高于你的入场价，那么再卖出整个VXX单位的30%。也就是50 000美元的30%，相当于15 000美元。因此，此时你已卖出25 000美元的VXX，即1/2交易单位。

5. 如果你在任何时间处于收盘状态且收盘价高于你的第二个入场价，那么再卖出VXX全部交易单位的另外50%。也就是50 000美元的50%，相当于25 000美元。因此，此时你已卖出VXX的全部头寸，即50 000美元。

6. 退场时机都是一样的。我们将在VXX低于5周期移动均线时，退出我们的仓位。

让我们暂停一下，看看我们做了什么。第1天，VXX被过度购买。我们知道历史上，价格从这里下降了近3/4。但是，我们会更加保守地调整我们的仓位规模，并采取20%的仓位，以便在VXX继续上涨的情况下，我们能够留在那里。如果VXX继续上涨，它将变得更加超买（恐惧越来越大，吸引更多不是那么聪明的钱）。价格开始处于超买状态，RSI高于70，而现在由于恐惧加剧和多次彻底恐慌，价格上涨了一天，甚至两天。

以下是测试结果：

交易次数：**104信号**

胜率：**90.38%**

获胜平均收益：**现金投资4.29%**

平均持有天数：**3.32天**

从VXX交易开始到2017年底，基于这些固定的规则，VXX的价格已经下降了90%以上。这些都是由过度恐惧和结构低效的安全造成的，大方向性优势。多年来，行为加上对结构的理解，再加上结构化规则，使得VXX交易者产生了如此大的方向偏差。

让我们再看一个扩展到VXX的方法。这是以1-2-3-4的比例进近完成的。

规则如下：

1. VXX的交易价格高于5周期移动均线。

2. 它的4周期RSI读数高于70。

3. 在收盘时卖出全部VXX的10%。这意味着，如果你整个交易单位的规模假设为50 000美元，你将卖出50 000美元的10%，即5 000美元。

4. 如果你在任何时间处于收盘状态且收盘价高于你的入场价，那么再卖出整个VXX单位的20%。也就是50 000美元的20%，相当于10 000美元。因此，到目前为止你已卖出15 000美元的VXX。

5. 如果你在任何时间处于收盘状态并且收盘价高于你的第二个入场价，那么再卖出整个VXX单位的30%。也就是50 000美元的30%，相当于15 000美元。因此，此时你已卖出VXX整个单位的60%，即30 000美元。

6. 如果你在任何时间处于收盘状态并且收盘价高于你的第三个入场价，那么再卖出整个VXX单位的40％。也就是说50 000美元的40％，相当于20 000美元。因此，此时你会卖出VXX的全部头寸。

如果你的操作进行到了这一步（历史上它只发生过很少的几次），那么它通常被认为是世界末日（至少媒体是这样描述的）。恐惧是猖獗的，VXX已被极端地过度拉伸。在这种时候，保险费用经常会突升。

7. VXX低于5周期移动均线时，退出市场。

在5周期移动均线下，使用1-2-3-4比例进近退场，得出了以下2009—2017年的测试结果：

交易次数：**104信号**

胜率：**97.12%（100个获胜交易，4个亏损交易）**

每笔交易平均收益：**投资现金4.86%**

平均持有天数：**3.32天**

如果你想大幅延长你在交易中的时间，来捕捉更大的迁移，你可以改变动作。你可以将移动均线出口更改为低于20的4周期RSI出口。这意味着，当VXX低于其5日移动平均值时，你不会退出，而是当VXX低于4周期RSI读数20时退出。通过这样做，随着恐慌的消退，交易会持续更长时间，你的满足往往可以持续一段时间。

以下是应用相同进场规则并在VXX的4周期RSI收盘低于20时退出的测试结果。

表5.1　量化恐慌 VXX 4周期RSI 收盘低于20的测试结果
（Vol Panics Vxx 4-Period RSI Closing Under 20 Test Results）

缩放比例	退场	交易次数	胜率（%）	平均收益损失（%）	平均持有天数
无	RSI4<20	52	90.38	7.41	19.15
加双倍	RSI4<20	52	90.38	13.72	19.15
2/3/5	RSI4<20	52	92.31	10.28	19.15
1/2/3/4	RSI4<20	52	94.23	11.17	19.15

我们来看一个量化恐慌的例子。

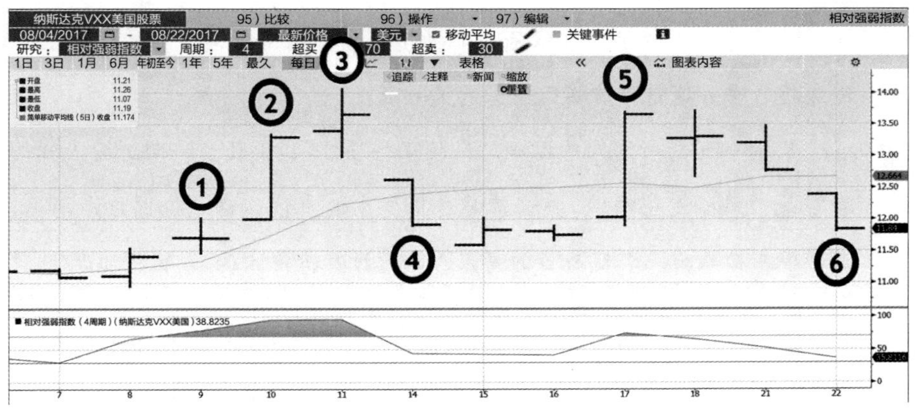

图5.1　iPath标准普尔500波动率指数短期期货ETN，VXX
（iPath S&P 500 VIX Short-Term Futures ETN，VXX）

资料来源：彭博金融L. P.
彭博金融有限公司许可使用

1. 随着美国和朝鲜之间的核紧张局势加剧，双方剑拔弩张。投资组合保险的成本开始上升，VXX的4周期RSI读数高于70。以11.70的价格卖出VXX的一个交易单位（10%）。

2. 第二天，美国总统唐纳德·特朗普向全世界宣布，朝鲜对美国的核威胁将遭到**“猛烈炮击”**，购买核战争保险的热潮开始。波动率指数飙升47%，是自5月份以来最大的单日跌幅，而且，正如预期的那样，很少有分析师或基金经理对客户说，“你看，既然特朗普威胁要把朝鲜从地球上炸飞，我觉得今天是你下重注的好日子”！VXX的4周期RSI跃升至94（超过90是极端值），我们将做空VXX的第二个单位（以13.29的收盘价计算，为20%）。

3. 特朗普总统在推特上（欢迎来到新闻传播的新世界）说**“军事方案蓄势以待”**，现在市场上充满了恐惧。保险成本继续上升，VXX的销量也在上升。彭博社报道说，VXX过去两天的成交量创历史新高（3.74亿股）。这里有一个很棒的猜想，今天我们定义的五种VXX买家，积极加入买方。

随着每个人的恐慌和保险成本的上升，你猜怎么着：你有了第三个缩放信号——这是“购买恐惧”的又一天。

4. 有一句众所周知的谚语“风险来得很快”，但还有一句鲜为人知的名言是“风险走得很快”。这就是这里发生的事情。这一论调逐渐消退，波动率指数从前一个交易日的高点下跌超过其价值的25%，很快使VXX回落到其5周期移动均线以下，远低于两个较大规模比例进近日的收盘价。卖出VXX头寸，锁定你的收益。

5. 8月17日。众所周知，“波动性有记忆”，几天后，随着剑拔弩张的氛围再次出现，波动率指数的保险成本飙升超过20%。VXX的4周期RSI高于70，这证实了这种恐惧。在13.66美元收盘时，卖出VXX的信号被触发。

6. 3个交易日后，VXX再次在5日移动均线下收盘，超过13%的涨幅被锁定。

从2009年到2017年97.12%的时间里，这样的1-2-3-4规模投资，准确预测了VXX的价格。

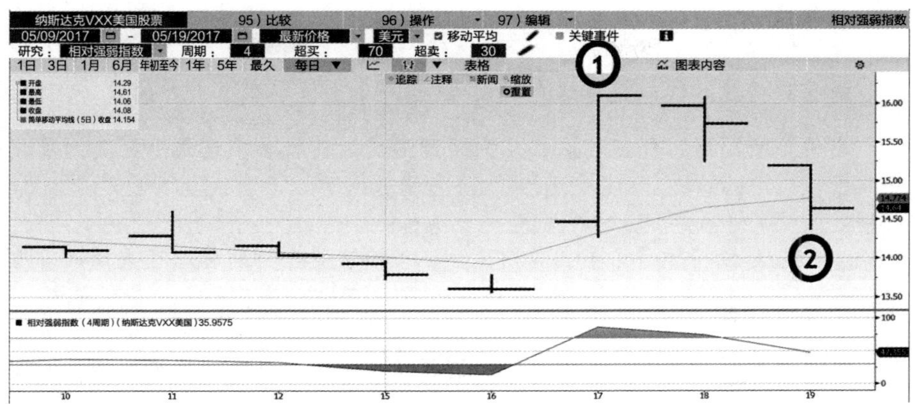

图5.2 iPath标准普尔500波动率指数短期期货ETN，VXX
（iPath S&P 500 VIX Short-Term Futures ETN，VXX）

资料来源：彭博金融L. P.
彭博金融有限公司许可使用

1. 道琼斯指数暴跌超过300点，据报道，美国联邦调查局前局长詹姆斯·科米（James Comey）曾写过一份报告，称特朗普总统要求他放弃对前国家安全顾问的调查。

与此同时，有报道称特朗普政府将无法兑现其贸易保护承诺，钢铁股继续被大幅抛售。瑞士信贷（Credit Suisse）分析师柯特·伍德沃思（Curt Woodworth）对彭博新闻（Bloomberg News）表示“特朗普政府有些混乱”。市场因预期特朗普将通过关税保护美国公司而上涨，如果他无法兑现，股价可能会大幅下跌。

昨天道琼斯指数接近历史高点。今天，特朗普被控犯有可弹劾的罪行，他的政府“混乱不堪”。恐慌接踵而至，以波动率指数衡量的保险价格从10.65跳到了15.59，上涨接近50%。

如果你有机会，看看当天交易的最后一小时。我记得那天我一边坐在屏幕前工作，一边打开美国消费者新闻与商业频道和美国有线电视新闻网（CNN）（美国有线电视新闻网是让你了解特朗普最糟糕情况的一个完美消息来源。你可以看到他们可以引起多大的过度恐惧）。媒体用夸张的言辞播放“你能超越这个吗”，这是一个由歇斯底里引起的销售狂潮。出价不断下降，任何购买都会立即遭遇更大的抛售。这是个完美的量化恐慌。

2. 恐慌持续不了多久。两天后，订单恢复。特朗普没有被弹劾，他的经济议程没有像报道中的那么混乱，VXX的收盘价低于其5周期移动均线，这表明是时候锁定收益了。道琼斯指数继续以接近历史最高点的方式结束了本月。

其他知识

1. 一句警告。这些都是难以置信的高定向测试结果。尽管如此，这并不意味着VXX必须下降。安全性不需要自动提高或降低。然而，我们正在测量的是恐惧，并应用一种以恐惧为食的工具。你需要始终尊重市场，并将风险管理技术应用于你的仓位。

2. 你可能会问，使用波动率指数作为交易VXX的信号触发器是否更好？我们做了测试。测试结果良好，但不如VXX那样好，可以触发VXX信号。与其他指标一样，正确率略低。我认为这可能是因为VXX的构建方式，以及谁购买VXX，与谁交易与波动率指数相关的工具。波动率指数工具买家通常是机构买家，而VXX买家整体上像我们在VXX简介中讨论的那样，是不太成熟的交易员和投资者。

3. 防止VXX（或任何空头头寸）100%或更多地向你移动——这与每个人都面临的做空这个固有问题有关。任何空头头寸都可以无限量地走高。**如果从收盘价到开盘价发生大幅度波动，止损对交易者没有帮助。**

因此最好的VXX交易方式之一，是在固定风险的基础上进行交易。这意味着它可以通过深入的看跌期权（那些有Delta为70或更高）或通过卖出VXX并买入对应的虚值看涨期权（例如，Delta为20或30买权）来完成。一个多方的Delta为80看跌相当于做空股票和买入Delta为20的看涨期权。不过，不同之处在于，Delta为20的买入价通常比Delta为80的卖出价更窄，可能会为你节省一些资金。这将被借VXX的几天借贷成本所抵销，这就是你要在交易执行成本方面做功课的地方。如果你需要帮助，与你的经纪人合作——这是他们的工作，他们应该能够帮助你。如果你对答案不满意，请与主管交谈。经纪人想要你的业务，特别是如果你是一个活跃的交易者，他们会为你服务。

在我看来，除非一个交易的VXX只占其整体投资组合的一小部分，否则用期权构建头寸是一种更安全的交易VXX的方式。这是你的个人决定，你知道什么对你最有利。

4. 那么VXX无法借用的时间如何呢？VXX时常不能做空（不能借股票）。如果发生这种情况，也有解决方案。期权是一种解决方案。因此，你应该能够对任何触发的信号进行仓位管理。

5. UVXY怎么样？UVXY是VXX的1又1/2倍版本。在2018年2月波动性大幅上升之前，它曾经是2倍的版本，并且它们降低了杠杆率。

UVXY是使用了类固醇的VXX。由于增加了杠杆作用，发生的侵蚀被放大。它是一种工具，被更积极的交易者（和长期的赌徒）使用，它也有期权。这些期权的流动性不如VXX期权（截至2018年春季），但它们的交易相当不错。

以下是UVXY自上市以来的图表：

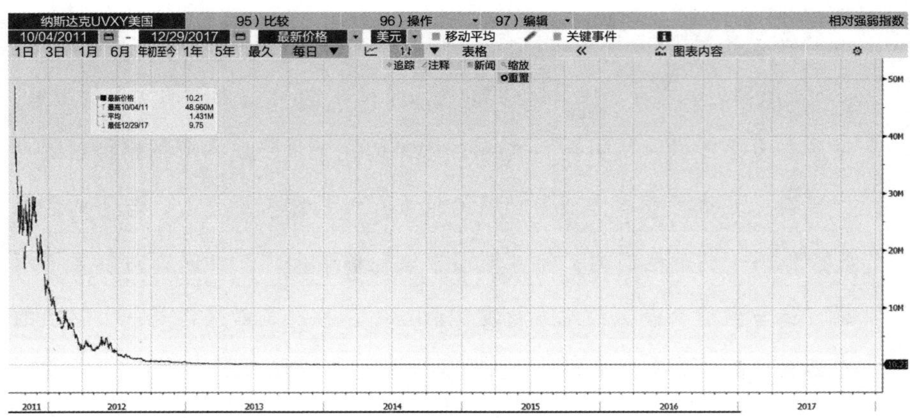

图5.3 ProShares Ultra 波动率指数短期期货ETN，UVXY
（ProShares Ultra VIX Short-Term Futures ETN，UVXY）

资料来源：彭博金融L. P.
彭博金融有限公司许可使用

这是一个令人难以置信的反向析股历史……

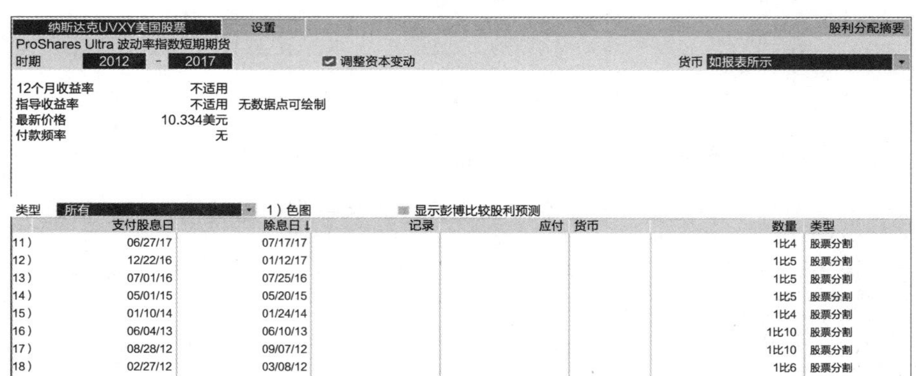

纳斯达克UVXY美国股票　设置　股利分配摘要

ProShares Ultra 波动率指数短期期货

时期 2012 - 2017　调整资本变动　货币 如报表所示

12个月收益率 不适用
指导收益率 不适用 无数据点可绘制
最新价格 10.334美元
付款频率 无

类型 所有　1）色图　显示彭博比较股利预测

	支付股息日	除息日↓	记录	应付	货币	数量	类型
11）	06/27/17	07/17/17				1比4	股票分割
12）	12/22/16	01/12/17				1比5	股票分割
13）	07/01/16	07/25/16				1比5	股票分割
14）	05/01/15	05/20/15				1比5	股票分割
15）	01/10/14	01/24/14				1比4	股票分割
16）	06/04/13	06/10/13				1比10	股票分割
17）	08/28/12	09/07/12				1比10	股票分割
18）	02/27/12	03/08/12				1比6	股票分割

图5.4 ProShares Ultra 波动率指数短期期货ETN，UVXY
（ProShares Ultra VIX Short-Term Futures ETN，UVXY）

资料来源：彭博金融L. P.
彭博金融有限公司许可使用

小结

VXX可能是购买短期恐惧的最佳工具，VXX的量化恐慌策略是一个极好的短期策略，它在过去的绝大部分的时间正确预测了VXX的发展方向。

在VXX的早期，我担心市场会变得更聪明，我相信它确实如此。但是，随着VXX吸引买家，以及它自身的结构方式，结合最重要的事实，正如我们所看到的，它是一种由恐惧驱动的交易工具，这些巨大的方向性优势可能会在未来的许多年内保持不变。

CHAPTER 6

第六章

VXX趋势策略

现在将扩展我们的VXX交易策略库，并利用我们的知识，在趋势跟踪的基础上将其应用到VXX交易中。我们知道VXX由于其结构效率低下而不断受到侵蚀，理想情况下，我们希望随着其价格的下降而上车。

趋势跟踪与短期均值回归交易有很大不同。一个好的趋势跟踪系统将攀上长期趋势，并尽可能长时间地紧随这个趋势。本书所述的平均均值回归交易类型，平均持有3—7个交易日的头寸。我们的VXX趋势跟踪策略的持仓时间平均更长。

有很多关于趋势跟踪的好书，如果你想了解更多，我建议你从迈克尔·科维尔（Michael Covel）的书开始。迈克尔研究趋势跟踪已经超过20年，他接触到了贸易史上许多最棒的趋势追随者。

大多数好的趋势跟踪系统在30%—35%的时间内是正确的。较好的可能会达到30%以上，高达40%。即使他们输的次数比赢的次数多，他们的平均收益也高于他们的平均损失（本来就是为了赚钱）。**对于大多数趋势跟踪系统，一个好的趋势可以抵消掉市场的长期动荡。**

现在我们回到VXX。很明显，长期趋势是朝着一个方向发展的。我们知道，根据它的构建方式，它很有可能会在一个方向上长期存在。

使用VXX的目标是在适当的时候卖出，在下降的时候上车，并尽可能长时间地留在车上。如果趋势发生变化，我们也要尽早退场。如果有变化，我们就安全地兑现收益。

我们该怎么做？这相当简单：使用移动平均交叉。移动平均交叉只需要两个不同周期的移动均线。当短周期移动均线从上穿越长周期移动均线时，你做空VXX。当它从下穿越长周期移动均线时，你退场，兑现收益。

VXX趋势策略规则简单，测试结果可靠，尤其是对趋势跟踪方法。

1. 当10周期简单移动均线（我们也测试了指数移动均线，EMA）从上穿过其30周期简单移动均线时，做空VXX（如果使用指数移动均线，当其10周期指数移动均线从上穿过其30周期指数移动均线时，做空VXX）。

2. 继续做空，直到10周期简单移动均线（SMA或EMA）超过30周期简单移动均线（SMA或EMA）。

就是这样。两条规则。趋势跟踪通常非常简单，我们将在VXX中坚持这种方式。

从2009年到2017年，这种简单的两规则趋势跟踪策略产生了以下测试结果：

表6.1 VXX趋势策略测试结果

移动均线	交易次数	胜率（%）	平均收益损失（%）	平均持有天数	获胜平均收益（%）	获胜平均持有天数（%）	失败平均损失（%）	失败平均持有天数
SMA(10)/SMA(30)	32	56.25	13.02	53.34	31.64	81.00	-10.92	17.79
EMA(10)/EMA(30)	30	50.00	11.93	59.97	35.06	105.07	-11.20	14.87

下面是这个策略的一些实际应用示例。

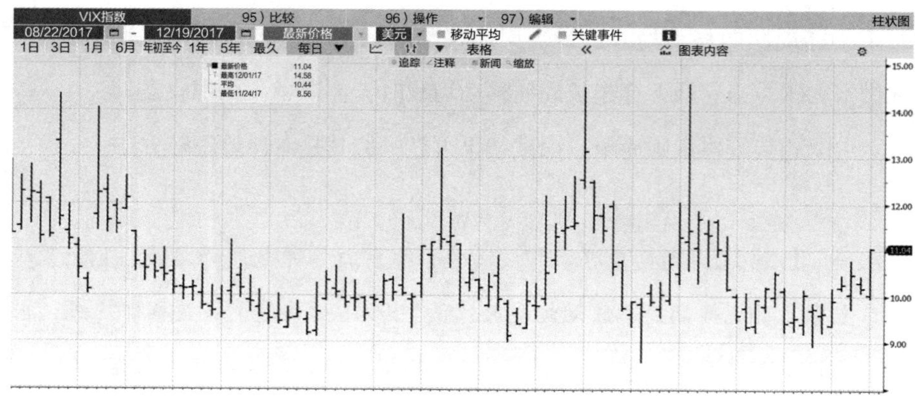

图6.1　CBOE波动率指数（CBOE Volatility Index，VIX）

资料来源：彭博金融L. P.
彭博金融有限公司许可使用

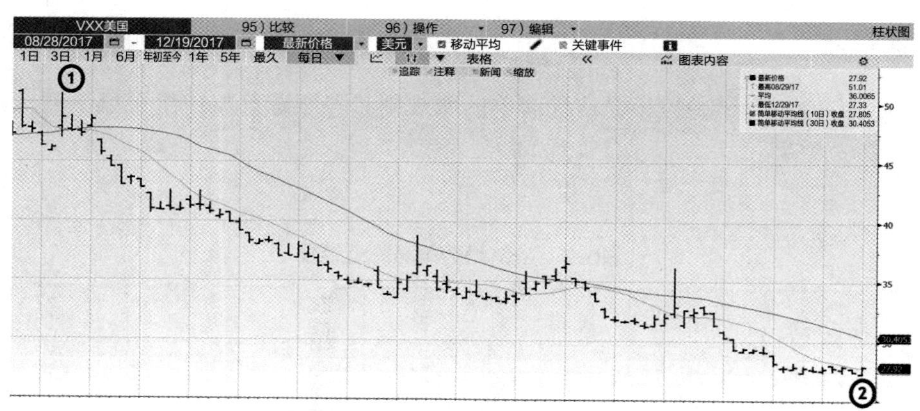

图6.2　iPath标准普尔500 波动率指数短期期货ETN，VXX
（iPath S&P 500 VIX Short-Term Futures ETN，VXX）

资料来源：彭博金融L. P.
彭博金融有限公司许可使用

2017年最后4个月，“已实现”（实际）市场波动显著下降。以波动率指数测量的“隐含波动率”持续高于已实现波动率。有趣的是，当你看到上面波动率指数价格的顶部图表时，你会看到大量的横盘行为，以及几天的隐含波动率峰值。然而，看看VXX的下一个图表。9月初，10周期简单移动均线从上往下穿过其30周期简单移动均线，尽管波动率指数开始下降，然后在一个较窄的范围内移动（伴随一些急剧上升的移动），仍能看到VXX受到持续的侵蚀。就像2009年以来所看到的那样。

1. 当做空信号触发时，VXX在9月初高于45。

2. VXX趋势策略又出现了一个变化，VXX在年末收于27.92点，跌幅超过25%。

下一个例子是为了回答经常被问到的问题 ：“为什么我并没有持续做空VXX？”这也是为什么建议使用看跌期权而不是做空VXX，来预先决定美元风险的原因。

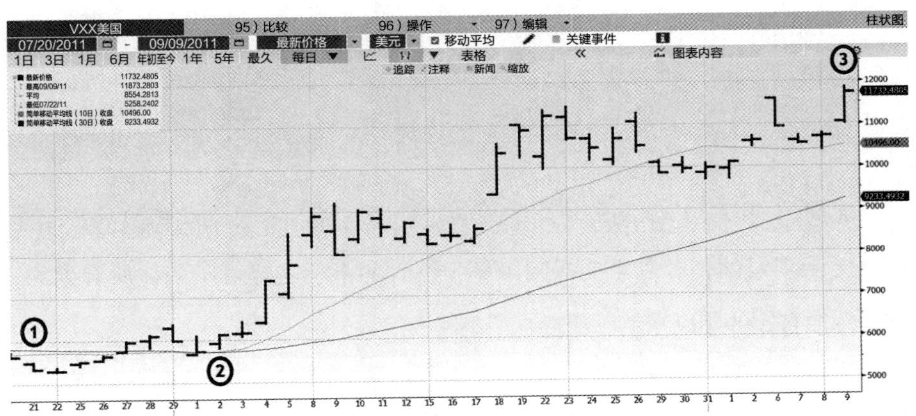

图6.3　iPath标准普尔500 波动率指数短期期货ETN，VXX（iPath S&P 500 VIX Short-Term Futures ETN，VXX）

资料来源：彭博金融L. P.
彭博金融有限公司许可使用

1. 本月早些时候，VXX趋势策略的做空信号被触发。

2. 当10周期简单移动均线从下穿越30周期简单移动均线时，退场。

3. 在接下来的6周里，由于穆迪公司（Moody's.）下调了美国国债的评级，波动性急剧上升，VXX的价格几乎翻了一番。由于10日移动均线从下空过30日移动均线，预先决定的退场虽然发生了较小的损失，但避免了较大的损失。

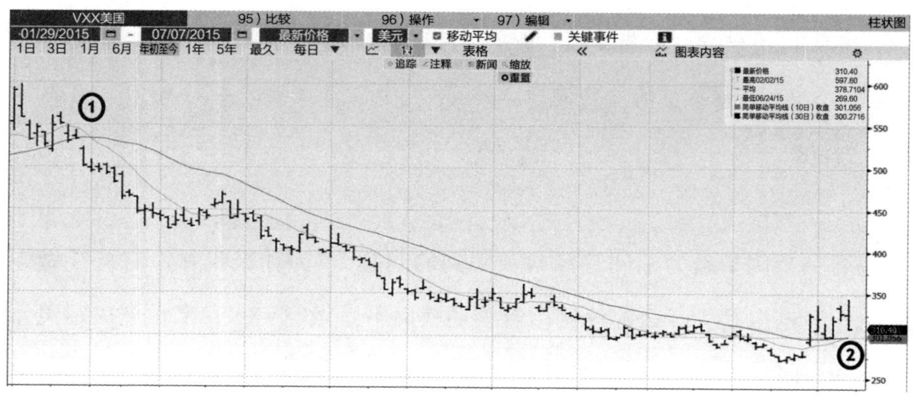

图6.4 iPath标准普尔500 波动率指数短期期货ETN，VXX
（iPath S&P 500 VIX Short-Term Futures ETN，VXX）

资料来源：彭博金融L. P.
彭博金融有限公司许可使用

上面的1和2是VXX趋势策略的另一个例子，因为这种结构低效的产品在价值上受到侵蚀，所以它捕捉到了一个巨大的下行趋势。正如你所看到的，这种侵蚀自2009年以来就已经存在了。

要点

1. 正确交易的百分比值是我们在趋势跟踪策略中见过的最高值（可能还有其他更高的，但我们没有发现）。记住，30%—35%的正确率，通常是作为一个成功的趋势跟踪方法的标准。VXX趋势的指数移动均线版本正确率为50%，简单移动均线版本正确率为56.25%。

2. 移动均线的交叉点在大多数证券上都有好坏参半的记录。我们从20世纪90年代就开始对它们进行测试，早在20世纪60年代初，就已经进行了密集的移动均线和移动均线交叉研究和测试，最初是由美林证券（Merrill Lynch）进行的，随后是许多其他大公司。不过，到2009年为止，几乎没有哪种流动证券显示出VXX的内置向下趋势特征。正如测试结果所显示的那样，使用这种方法已经遏制了大幅上扬（加上固定风险看跌期权进一步遏制了风险），同时，10天、30天的交叉交易已经捕捉到一些实质性的、带来巨大收益的下跌趋势。

3. VXX长期趋势。平均持有期不到3个月（SMA为53个交易日，EMA为60个交易日）。期货溢价、高价保险和VXX的五类买家离场的时候，使这种趋势在数月内不断加剧。

4. 在我看来，正如量化恐慌策略一样，这种策略非常适合深价内看跌期权。波动率发生断崖式下跌（这被称为波动崩塌）并且VXX在价格上崩溃，那么深价内看跌期权允许你参与进来。它还允许你预先确定交易的美元风险。VXX期权是流动性的，你通常可以在买卖价差中间介入。因为平均持有期很长，所以应该考虑3个月的到期期权。此外，对于那些在期权或交易期权方面经验更丰富的专业人士，你知道在这些长期交易中，可以通过多种方式潜在地优化期权头寸的结构，带来可能的收入。

同样，这里的关键是能爬上车；预先确定总美元风险，你晚上睡觉的时候，让VXX完成它的使命。

5. 有了这个策略，你就“购买了恐惧”，你为许多仍然相信VXX在保护他们的顾问和投资者提供了保险。他们是VXX的看多方，相信它会适当地保护他们。你，通过看跌期权的所有权，是VXX的做空方。他们总是在害怕。你为他们提供保护，不管他们害怕的是什么。

6. 在附录中还有另一种方法，可以用这个交易策略来做期权。如果你认为波动率即将发生断崖式下跌，就以使用该策略为主。这意味着你认为，无论出于何种原因，波动率都将崩盘（这通常发生在波动率指数上升较长时间之后，以及2017年5月出现的错误消息导致的一天峰值）。期权策略被称为风险逆转信用差价和风险逆转借记差价。这是一种固定风险、潜在的不对称回报期权策略，非常适合VXX在短期内经历长期趋势的时代。

7. 有关VXX和波动率交易的更多信息可以在许多高质量网站上找到。以下是《康纳斯研究交易员期刊》（*Connors Research Traders Journal*，你可以在TradingMarkets.com网站上免费订阅）于2018年4月出版的其中一期的转载。发布后，许多读者建议我在列表中添加波动率指数中心库，就此你可以访问这个网站：www.vixcentral.com。

我希望你喜欢这些网站。

来自《康纳斯研究交易员期刊（2018年4月）》（*Connors Research Traders Journal*，April 2018）。

1. 六图投资（Six Figure Investing）（https://sixfigureinvesting.com/）

我非常喜欢这个网站！

万斯·哈伍德（Vance Harwood）建立了一个令人印象深刻的信息网站，几乎可以为你提供你所需的一切有关VXX和许多其他波动率交易产品的信息。它涉及广泛，探究极深，并且信息丰富。虽然网站的导航需要一点时间来适应，但从积极的方面来说，你可能会停留在一个没有料想到的页面，页面上会有你从未知道的信息。这是我最喜欢的交易波动率相关网站之一。

2. 芝加哥期权交易所（CBOE）网站：http：//www.cboe.com/

这里有大量的信息。可以从订阅他们的每日博客时事通讯开始。上面充满了期权交易和波动率交易的信息。

3. 拉塞尔·罗兹（Russell Rhoads）的推特：@RussellRhoads

拉塞尔是我最喜欢的交易作者之一。他也是芝加哥期权交易所的高级专业人士之一。他处于波动率交易的核心位置，他的推特做得极好，不仅教你期权和波动性交易，还让你了解当前的市场动向及这个动向意味着什么。此外，拉塞尔也是一位成功的作家——如果你还没有读过他的任何书，我推荐的两本书是《期权交易周刊》（*Trading Weekly Options*）和《交易波动率指数衍生品》（*Trading VIX Derivatives*）。

4. 波动率指数（VIX）及更多：http://www.vixandmore.blogspot.com

我很喜欢这个网站，可惜它不再更新了。不过，好消息是，它有许多经过反复检验的策略，这些策略现在仍然适用。如果你在寻找交易波动率的独特方法，那么这个网站就有，还包括已经发布的历年来测试结果。

5. 社会科学研究网（SSRN）：https://papers.ssrn.com

在互联网普及前的几年里，我住在洛杉矶，经常在加州大学洛杉矶分校、南加州大学和佩珀丁大学的图书馆地下室里，看过期的《金融杂志》（*The Journal of Finance*），阅读上面的学术研究。当时一些最好的想法来自这些研究。那时候，利用这些知识可以有很大的竞争优势。

今天，你不用离开你的电脑，甚至你的手机就可以学习。通过社会科学研究网，能大量获取那些在萧条中失去的。如果你喜欢从学术研究中学习知识，那么你很有可能熟悉社会科学研究网。在社会科学研究网的30个学科中有超过75万篇学术论文。使用它们的搜索功能，你可以专注于任何一个研究（或多个研究）的交易主题。搜索“波动性交易”，你将得到大量研究文章，然后你可以通过多种方式对其进行分类，比如通过“最新”进行分类。使用社会科学研究网的另一个好处是，你基本上可以搜索任何交易主题——我经常会对它给出的搜索结果感到惊讶。

关于这些研究的一些注意事项（你可能已经知道了这一点）：

1. 出版或消亡是学术界固有的。所以在阅读这些研究时要记住这一点。研究中是否有宝玉？或者发布研究是用来满足其他硬性要求吗？

2. 某些金融相关的期刊优于另外一些期刊。花一些时间在社会科学研究网上，更容易找到好的期刊。

3. 注意研究是如何完成的。这是数百个其他领域争论不休的话题。我试着仔细观察测试是如何完成的，对于那些有科学、技术、工程、数学（STEM）相关背景的人，更是有条件这样做。

4. 和所有的研究一样，过去的结果并不代表未来的结果。也就是说，如果你看到一项研究证实了你自己的交易观察结果，这可能是一个绿灯信号，你可以运行。

5. 总而言之，社会科学研究网是一个很有价值的网站，特别是如果你喜欢寻找新的交易研究思路。

这就是我的清单。总的来说，这些网站为你提供了日常的见解、专业知识、新的交易策略和时下正在进行的新研究。

小结

我们现在已经研究了两种更为系统化的量化策略来“购买恐惧”。通过这两种策略，你为不太成熟的交易员和投资者提供保护。恐惧在量化恐慌策略中达到最高点，并在 VXX趋势策略中持续时，你做空这个有结构性缺陷的工具。要是你决定使用期权，你要预先确定你的美元风险，这是任何成功交易策略风险管理中的关键部分。

2011年，我预计VXX会消失。在我看来，没有人会去买一个趋势归零的工具。7年后的今天，VXX依然健在。只要人们继续扭转分割的局面，不改变它目前的结构，VXX在未来几年将有望继续给你提供机会。

CHAPTER 7

第七章

交易新高点

2004年，《金融杂志》发表了托马斯·J. 乔治（Thomas J. George）和黄群仰（Chuan-Yang Hwang）教授撰写的一篇颇有开创性的研究报告，题为《52周高点和动量投资》（*The 52-Week High and Momentum Investing*）。乔治和黄教授在他们的摘要中写道："52周的高价格解释了动量投资的大部分利润。接近52周来的高位，主导并提高了过去回报（个人和行业回报）对未来回报的预测能力。"

他们发现，52周高点对投资者来说是一个"锚定点"（"锚定点"是这一策略的行为组成部分之一）。这一"锚定点"引起了投资者的注意，一旦受到冲击，他们就不太可能买入，更可能在短期内卖出。

根据这项研究，在预期即将到来的好消息时，股票通常会创下52周新高。一旦消息公布，投资者反应迟钝（他们已经买入，这最终导致股票面临抛售压力）。这就是专业人士几十年来一直奉行的"在谣言中买进，在新闻中卖出"的哲学。

在暂停或回落之后，随着好消息被市场进一步吸收，价格最终恢复长期上升趋势。

这种行为是专业交易部门的幕后黑手，他们知道"下订单"比追逐新的52周高点突破要好。这项研究和数据支持的结论是：**不要急于追逐突破，有的是时间买入。**我们接下来再进一步。

我们已经能够量化这种锚定行为，这是教授们在研究中发现的52周来的最高点。然后我们围绕它制定确切的规则，添加一个“恐惧元素”。这样可以进一步改善他们的发现，并创造我们所谓的“交易新高点”（TNH）策略。

我们直接讨论规则。

设置

1. 股票收盘价格应该在5美元以上。

2. 21天成交量移动均值应在每天100万股以上。

3. 该股在过去20个交易日内创下52周来新高。这是当天的高价，不是收盘价。

4. 康纳斯指数小于15。**这是策略中增加的恐惧因素。**由于这次回调，“买入新的52周高点突破资金”现在经常亏损，这些“突破买家”开始进入“我变得非常不舒服”的模式。

入场

5. 如果满足所有设置条件，在第二天以低于今天收盘价x%的价格买入。我们分别测试了x为7%和x为10%的时候。**昨天的“不舒服模式”变成了今天的恐慌模式，因为股票暴跌了。**

退场

6. 如果股票的康纳斯指数接近70以上，收盘时退出仓位。

我们一起看看这个

我们这里有什么？我们的股票创下了52周来的新高，通常都是好消息（或对好消息的预期），每个人都感觉很好。据乔治和黄教授所说，这52周来的高点是一个“锚定点”，这个价格水平被媒体和数据公司广泛传播，许多交易员和投资者都知道了。

52周来的高点往往会吸引“突破型买家”，他们认为由于突破，未来会有明确的走势。

与此同时，专业资金（见多识广的资金）开始卖出给买盘。他们一直够聪明，能在好消息之前买入，此刻开始卖出锁定自己的收益。

在我们基于规则的场景中，我们希望卖出越发过激，最终形成一种恐慌抛售。不仅专业资金出售，还有买了52周高点（这是一个失败的突破）的投机性的突破性的钱，一起把价格推得极低。

此时股票极度超卖。这家公司通常与前20天创下52周新高时的公司一模一样。它只是便宜——更加便宜——聪明的钱再次进入。**乔治教授和黄教授指出，52周来的高点往往不是主要的长期逆转水平。**他们是正确的，因为正如我们从测试结果中看到的那样，这些短期深度回调经常会导致价格再次走高，特别是在恐慌性抛售之后的一周。

让我们看看2001年1月1日至2017年12月31日的交易新高测试结果：

表7.1　交易新高测试结果

幅度指标（%）	交易次数	胜率（%）	平均收益/损失（%）	平均持有天数	获胜平均收益（%）	获胜平均持有天数（%）	失败平均损失（%）	失败平均持有天数
10	533	79.74	6.47	3.87	10.13	2.96	−7.92	7.44
7	1367	77.03	4.10	4.03	7.57	2.95	−7.53	7.66

现在让我们来看两个交易示例：

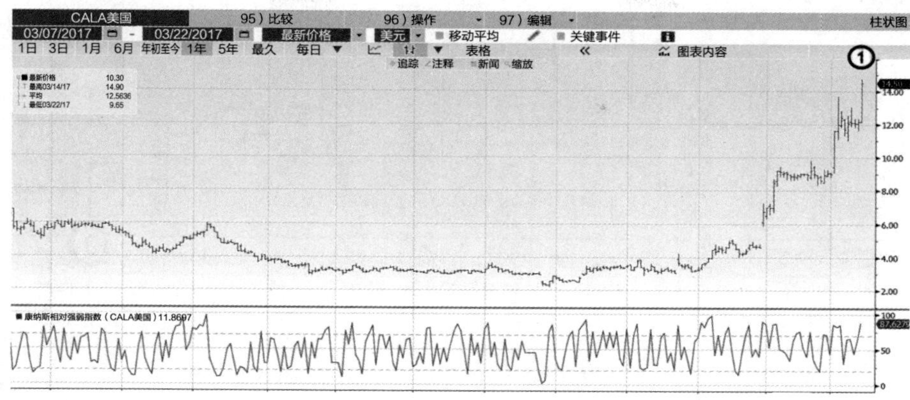

图7.1 Calithera 生物科学公司（Calithera Biosciences，Inc.，CALA）

资料来源：彭博金融L. P.
彭博金融有限公司许可使用

1. 2017年3月，Calithera生物科学公司的股价创下52周新高，投资者在该公司发布年度盈利之前推高了价格，更重要的是，有一则最新的关于该公司前景很好的新药物管道的消息出现，而人们对这则消息期待已久。

2. 该公司宣布盈利，并对其管道前景乐观。众所周知，在传言中买进，在新闻中卖出，在这里变得明晰起来。

3. 回调开始，这一行为与乔治和黄教授10多年前记录的结果一致，价格在接下来的7个交易日回落。

4. 当公司开始实现里程碑式的目标，并收到合作伙伴为实现这些目标而支付的现金时，好消息再次出现。超过75%的时间设置被触发，买方再次出现。CRSI收于70点以上，涨幅14.5%。利润被锁定。

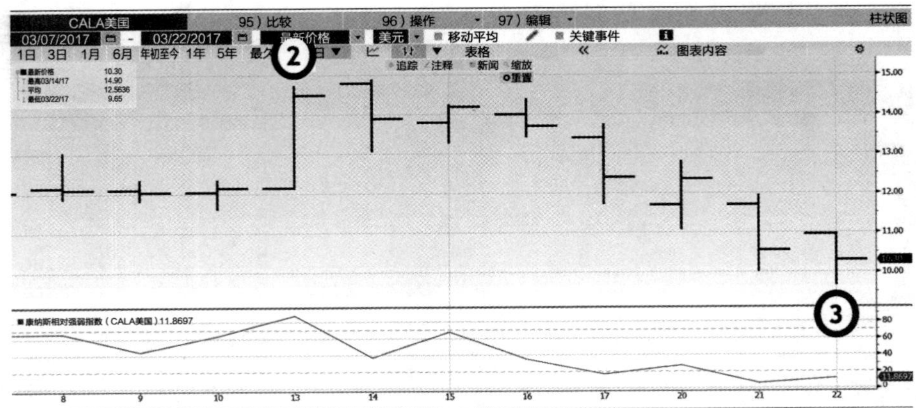

图7.2　Calithera 生物科学公司（Calithera Biosciences，Inc.，CALA）

资料来源：彭博金融L. P.

彭博金融有限公司许可使用

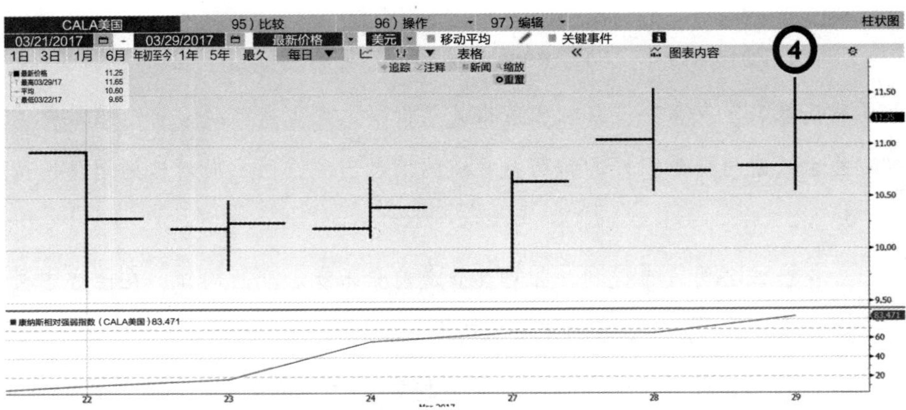

图7.3　Calithera 生物科学公司（Calithera Biosciences，Inc.，CALA）

资料来源：彭博金融L. P.

彭博金融有限公司许可使用

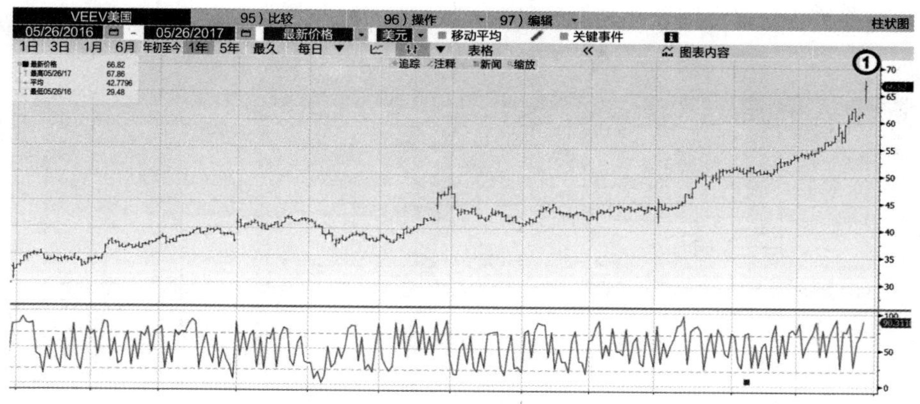

图7.4 Veeva系统公司（Veeva Systems Inc.，VEEV）

资料来源：彭博金融L. P.
彭博金融有限公司许可使用

1. 5月26日开始盈利，Veeva系统公司（Veeva Systems）创下52周来新高。公司公布了收益和前景，投资者们很高兴，将价格进一步推高至52周来的新高。

2. 在公布财报后的几天，卖盘进入买盘，最终股票下跌了。在52周高点买入新闻的买家高兴不起来了，因为现在他们损失了两位数的百分比，而这些损失在6月12日的盘中变得更大。在57.34这个接近当日低点位置抛售触发了一个新的交易高点买入信号。

3. 就在一周后，买家又重新回到了VEEV，他们的购买触发了锁定收益的信号。

正如我们在这个例子中看到的，在消息触发新的高点后，许多多头股票所有者锁定了收益。几天之内，随着剩余长期持有者的利润缩水，加上新的高点买家的损失增加，抛售价格上涨至历史上77%的水平。通常情况下，就像这种情况一样，投机（通常是弱势）的钱在新闻中涌入股市，当卖家压倒买家时，抛售会变得过度。回调后的盘中抛售通常是投降（恐慌）的标志，也是介入的好机会。

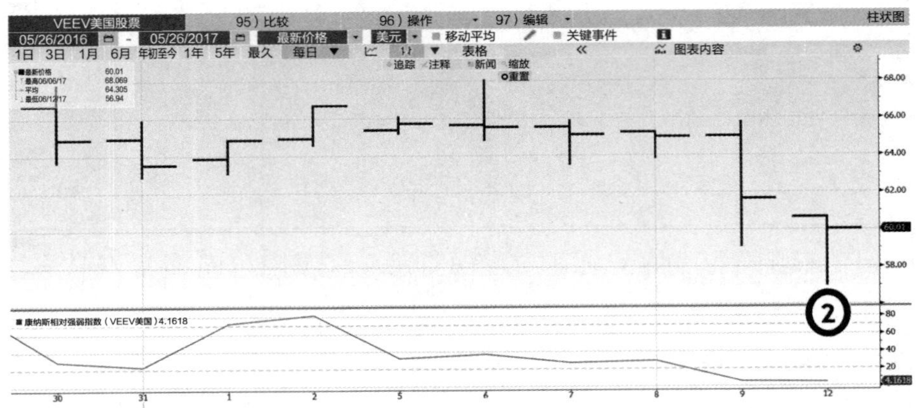

图7.5　Veeva系统公司（Veeva Systems Inc.，VEEV）

资料来源：彭博金融L. P.
彭博金融有限公司许可使用

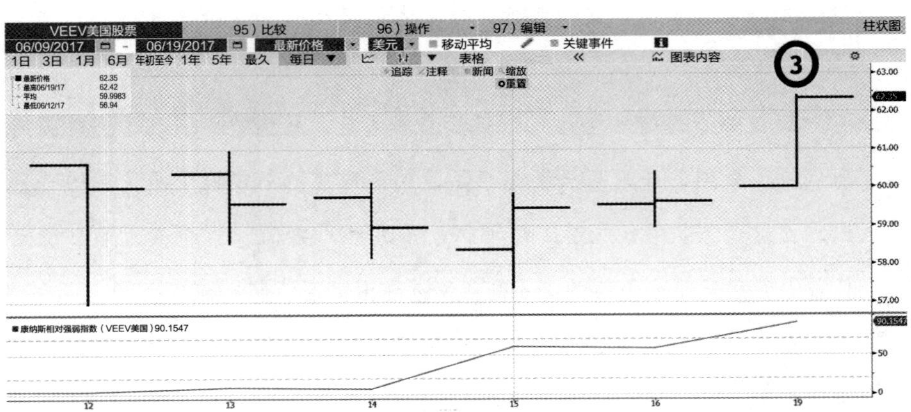

图7.6　Veeva系统公司（Veeva Systems Inc.，VEEV）

资料来源：彭博金融L. P.
彭博金融有限公司许可使用

我可以给你看几十个这样的例子。每种都有曲折，但由上至下，它们基本上都是一个样子。这52周来的最高点起到了锚点的作用，卖家经常会被新闻影响，在股票抛售时，基本会恐慌。整体而言，这些抛售并非长期逆转点。它们实际上是在机构资金回归之前，收购这些公司的绝佳机会。

其他知识

1. 这个策略的优势是巨大的。4天内平均收益超过4%，盘中回调率为7%，其中77%的信号是盈利的，而10%的日内回调在4天内平均收益超过6.4%，其中79.7%的回调是盈利的，这样的成绩不是每天都能看到的。

教授们的数据支持这样的观察：52周来的高点具有预测能力，我们在其中加入了行为价格成分，也就是说，CRSI指数低于15点的回调，再加上盘中恐慌性回调，是准确预测短期价格走势的有力组合。

2. 我们还观察了39周高点、26周高点和13周高点，以确保我们看到的价格行为不仅仅是短期回调造成的。**在每一个时间段较短的新高点中，我们所看到的优势都远小于52周高点的优势。**乔治和黄教授观察到，52周来的高点被交易员和投资者视为一个完好无缺的“锚定点”。

3. 教授们在他们的研究中表示：“这些研究（他们的研究）对市场半强式效率的观点提出了严峻的挑战。”大多数公布的发表价格异常的学术研究都提出了同样的主张。然而，在这种情况下，他们的断言似乎是有根据的。《金融杂志》（*The Journal of Finance*）备受推崇，这项研究自出版以来的14年中得到了广泛传播。我们的测试结果始于2001年，而从2004年他们的研究发表后，他们开始继续前进。即使在他们发表了这些信息之后，在他们的研究结果中加入行为成分（极端回调），多年来也产生了显著的高概率短期优势。

4. 有很多种方法可以应用这个策略，和所有的策略一样，如何最好地交易这个策略是你的个人选择。从大处着眼，52周新高锚定的行为因素，加上恐惧因素，导致2001—2017年股价出现了大量的短期优势。

5. 展望未来，要小心，不要盲目购买新的52周高点。是的，一些确实在继续上升。**但很少有研究量化了购买这些高点的短期利好因素。**通过耐心地等待回拉来创建优势。在交易新高点的策略中，这种耐心多年来一直有很好的回报。

CHAPTER 8

第八章

TPS策略：随恐惧和贪婪起舞

万变不离其宗。

我们都会为新事物而兴奋。新技术、新电影、新书籍，尤其是新的交易策略。新等同于兴奋。但通常，那些最好的东西就在我们面前。它们很容易获得，而且往往比新的和未经证实的东西要更好。新的并不总是意味着更好。

有一本1890年写的经典书，名为《钻石之地》（*Acres of Diamonds*），由罗素·康威尔（Russell Conwell）撰写。这本书一直是许多人最喜爱的励志书。这本书传达的信息是，一个人不需要去世界其他地方寻找财富，财富很多时候就在他们面前。

对于康威尔的见解，不同的人有不同的理解。其中一个理解是，人并不总是需要新的东西。你所拥有的那些，已经可以为你提供所需的一切。

10多年前，我们推出了一个名为“TPS”的策略。自从这个策略发布以来，我看到许多交易员接受它，改进它，围绕它建立资金管理业务，并最终把它当作他们接近市场方式的核心。

TPS是股票指数内在恐惧和贪婪形势的缩影。随着恐惧的增加，它会规模化恐惧，随着恐惧消退，它逐渐退缩。当贪婪上升时，它会规模化贪婪，而当贪婪变回恐惧，它退缩。

在最好的情况下，它能买入恐惧，卖出贪婪，尤其是在全球股市指数上，特别是美国股市主要的交易所交易基金上——交易代码SPY。

与《钻石之地》（*Acres of Diamonds*）一样，TPS理念在出版后经受住了时间的考验。10年来经历了巨大的变化，包括2008—2009年初市场崩溃的最后阶段、市场崩溃、空前的全球信贷扩张、2010年5月的暴跌，以及美国的政治体制变革。从奥巴马到特朗普，这与美国242年历史上任何一次政权更迭一样极端。

正如你接下来在TPS中看到的那样，尽管这个恐惧与贪婪策略自发布以来，已经发生了如此多的历史事件，并且发生了很多变化，但是TPS的行为及其有效性仍然保持不变。TPS年复一年地做着这些工作：识别恐惧何时进入股票指数市场，何时消退；贪婪何时进入股票指数市场，何时消退。

TPS策略规则很简单。像本书中的许多策略一样，优势因为恐惧/贪婪等行为因素而存在。通过这种策略，当恐惧达到最大时（噪声很大！），你大笔买入增加持仓；当贪婪达到最高时，你抛售大笔的头寸。

现在我们来看看TPS到底是什么。

TPS代表什么？

T—时间

P—价格

S—比例进近

TPS能识别交易所交易基金何时超买或超卖，然后随着超买和超卖的增加，平均进仓。之后它将时间、价格和比例进近结合起来，在恐惧逐渐增加时进仓，而当贪婪逐渐增加时减仓。

在我们讨论规则之前，我先给你一些背景知识。

从2006年开始，我们监督了一个名为“主席俱乐部”的私人研究小组，这个小组由来自世界各地的高端专业交易员组成。小组包括管理对冲基金、交易对冲基金、拥有大型自营交易公司或为它们交易的人士，以及管理自己资金的成功人士。这些人每年都要支付相当多的会员费（5位数的美元）入会和续约。他们是这个世界上比较优秀、比较聪明的交易员，我们很荣幸多年来每年都有机会与他们合作。

第一次向“主席俱乐部”成员讲授TPS是在2008年，此后TPS的内容一直在扩展。作为扩展的一部分，已经发布了数万种不同的TPS，介绍给主席俱乐部成员。换个角度来说，我们需要花费数千页（意味着一部百科全书）来发布完整的TPS结果和多种交易方式。除此之外，交易员还有许多其他自己扩展TPS的方式。他们中的一些人私下还和我分享了，当然我不能，也永远不会透露他们的方式。

因此，在一章之内不可能完整地介绍TPS。不过，我觉得对你来说，重要的是要了解它背后的概念，然后你再决定是否想进一步交易、研究和更多地了解TPS。**我的说法是，如果你完全接受恐惧买入和贪婪卖出的概念，TPS是一种你可以运用的策略。**

以下是TPS背后的基本规则。记住，实际上有数千种可以用TPS交易的变体。

以下是做多的TPS规则：

1. ETF高于其200日简单移动均线。

2. 2周期RSI连续两天低于25，在收盘时买入10%的头寸。

3. 如果收盘时的价格低于你之前的入场价格，那么你在这个仓位的任意一天，都要多买入20%的头寸（你的平均值）。*

4. 如果收盘时的价格低于你之前的入场价格，那么你在这个仓位的任意一天，都要多买入30%的头寸。*

5. 如果收盘时的价格低于你之前的入场价格，那么你在这个仓位的任意一天，都要多买入40%的头寸。*

使用这种10%、20%、30%、40%的比例进近方法（也称为1-2-3-4），你现在可以在非常超卖的ETF中获得全部仓位。

*任何ETF在200日移动均线下收盘的时候，都不要开新的仓位。

6. 当2周期RSI收于70以上时，收盘退出。在我们向你展示测试结果之前，让我们先看看我们多头时做了什么（在空头时，我们做的恰恰相反）。

让我们进入规则的核心，以便充分了解价格变动背后的行为。

1. 等2周期RSI连续两天收于25以下，我们等待上升趋势的ETF（超过200天）超卖。然后我们试水买10%。通常当ETF达到这个水平时，抛售已经发生，买方已开始枯竭。这通常是由于对即将发生的政治或经济事件的担忧，或是有导致市场担忧的实际事件发生。

2. 然后，我们等待ETF收盘走低，并在第二天变得超卖，再买入20%。更多的卖出意味着更多的焦虑。

3. 接着我们等待ETF变得更加超卖，因为价格进一步下跌，我们再买入30%。此时，焦虑正在变成痛苦。现在至少还要卖出4天（在某些情况下，卖出量很大）。在这种环境下，负面新闻处于最前沿。

4. 然后我们等待ETF在第二天变得更加超卖，并再买入40%。我们现在满仓了。这种情况并不经常发生。至今已有整整一周抛售，通常这一天是一个恐慌的日子。这些交易将是最难接受的，因为**你觉得自己站在一边，而另一边的世界被歇斯底里的媒体进一步诱导**（我认识的每个交易这个策略的人都说了同样的话）。**你在这里买入了真正的恐惧。**

5. 当我们的头寸（无论我们有10%还是高达100%）走高时，2周期

RSI收于70以上，我们退出。当恐惧、恐慌或歇斯底里过去，价格上涨时，恐惧就会消退，买家重新进入市场变得“更安全”。

时间、价格和比例进近结合指导我们进仓和平仓。

测试结果来自2006年至2017年，在过去20个交易日内每日交易量最低为250 000股的，所有非杠杆、非反向ETF。**正如你所看到的，使用2/3/5版本的TPS，它的准确率达到了85.1%。对于1/2/3/4版本，它的准确率刚好超过88%。对于SPY，测试日期是从1993年到2017年。对于2/3/5版本，它的准确率为91.47%。对于1/2/3/4版本，它的准确率为94.79%。不断上升的恐惧往往导致高概率的交易机会。**

让我们看看上面规则中所有流动性ETF的测试结果。请注意，损益的平均百分比是基于每笔交易实际投资的现金。

在对TPS进行了10多年的研究并查看其历史测试结果时，我们可以自信地说TPS的行为是一种全球现象。美国主要市场指数和行业不仅存在高概率优势，全球也存在健康优势。

表8.1　TPS做多测试结果——全部流动性非杠杆、非反向ETF

交易方向	缩放	交易次数	胜率（%）	平均收益损失（%）	平均持有天数	获胜平均收益（%）	获胜平均持有天数（%）	失败平均损失（%）	失败平均持有天数
买方	2/3/5	15 661	85.10	1.06	4.7	1.70	3.72	−2.63	10.27
买方	1/2/3/4	15 661	88.04	1.18	4.7	1.73	3.87	−2.82	10.81

表8.2　TPS做多测试结果——SPY

交易方向	缩放	交易次数	胜率（%）	平均收益/损失（%）	平均持有天数	获胜平均收益（%）	获胜平均持有天数（%）	失败平均损失（%）	失败平均持有天数
买方	2/3/5	211	91.47	1.14	4	1.39	3.42	−1.46	10.22
买方	1/2/3/4	211	94.79	1.21	4	1.38	3.59	−1.97	11.55

在研究了10多年的TPS，并回顾了它在25年前的历史测试结果之后，我们可以自信地说，TPS的行为是一种全球性的现象。不仅美国主要市场指数和板块存在高概率优势，全球都存在健康优势。

这是在中国看到的TPS行为的一个例子——中国的主要ETF是FXI。

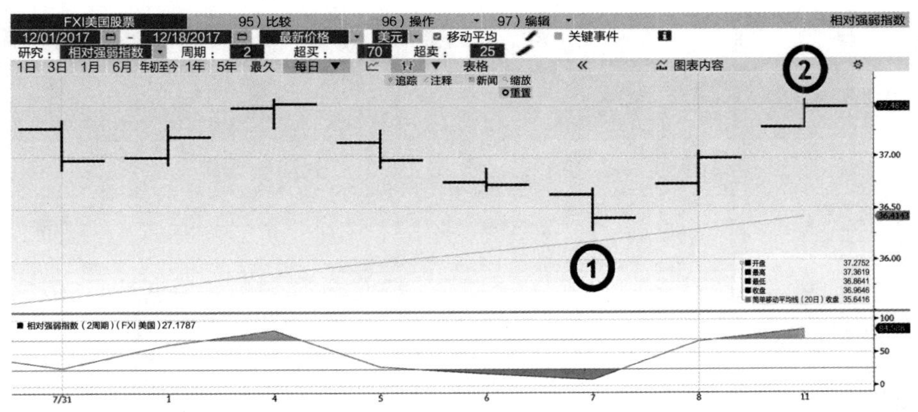

图8.1　iShares 中国大型有限公司 ETF，FXI
（iShares China Large-Cap ETF，FXI）

资料来源：彭博金融L. P.
彭博金融有限公司许可使用

1. FXI高于200日移动均线，意味着一个长期牛市。FXI回调，连续两天的2周期RSI读数低于25，买入一个单位。

让我们在这里停一下，讨论一下这次回调。有个众所周知的说法，“恐惧是一种传染病”指的是恐惧会蔓延。几个世纪以来军方都知道这一点，它业已成为各行各业普遍接受的原则。

这是恐惧传染的一个例子。过去几天，以欧洲为首的世界大部分地区都在抛售。前卫富时环球交易所（FTSEAll World）前美国交易所交易基金到今天已经连续下跌了几天。除了普遍认为全球经济放缓会影响中国之外，中国也存在一些担忧。随着恐惧的蔓延，全球恐慌，这使交易员有机会在2周期的RSI处于一位数水平的情况下，以一个极端回调的方式做多中国。

2. 在主要国家基金ETF中，80%以上的时间都发生了这种情况，在接下来的几天里，这种担忧逐渐消退，回购出现。2周期RSI收于70以上，这告诉我们，几天前全球恐惧导致的回调，其健康优势已经消退，随着这种恐惧的消退，ETF价格上涨。是时候锁定收益，把头寸卖给那些感觉更安全的人了。

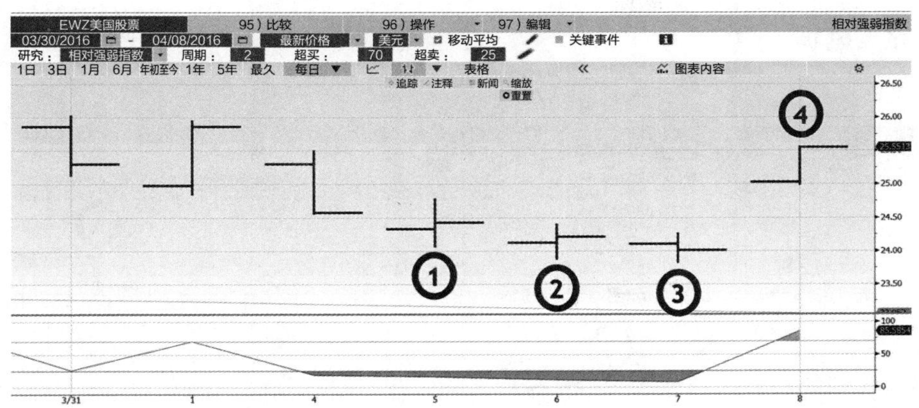

图8.2　iShares摩根士丹利资本国际巴西ETF，EWZ
（iShares MSCI Brazil ETF，EWZ）

资料来源：彭博金融L. P.
彭博金融有限公司许可使用

1. EWZ的交易价格高于200日移动均线，并因重大政治丑闻而开始抛售。2周期RSI连续两天低于25。巴西国会正在考虑弹劾他们的总统，对政治动荡的恐惧导致价格下降和更大的恐惧。**价格+政治动荡=买入第一个单位。**

2. 由于政治上的不确定性卖方因担心亏损而抛售仓位，抛售持续，买家离场。购买比例进近的第二个单位。

3. 2016年3月7日。随着EWZ连续第四天出现亏损，本周市值已下跌7%，恐惧情绪进一步加剧。在这一点上，“明智”的做法是要么退出，要么抛售，因为抛售正在变成崩溃。TPS发出下一个进入的信号，在收盘时再买入30%的头寸。

4. 第二天，由于恐慌过度，EWZ大幅反弹。与前一天的收盘价相比，买家在开盘价上多付4%，并在“情况看起来更安全”的情况下继续买入。锁定你的收益，因为2周期RSI已触发退出信号。

完美风暴

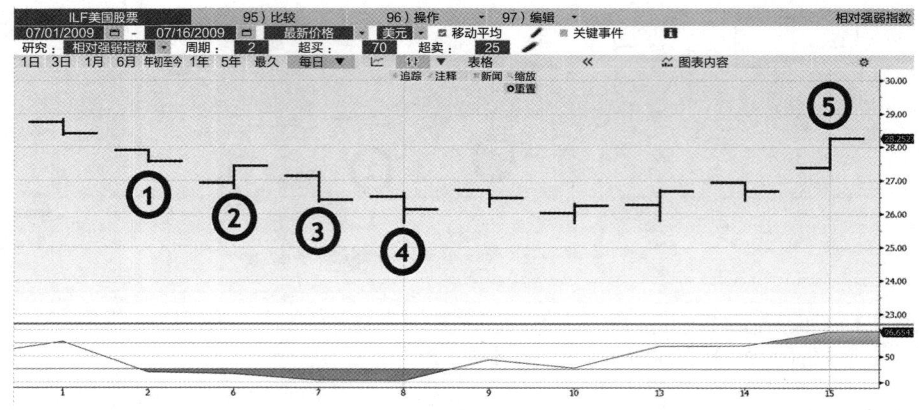

图8.3 iShares标准普尔拉丁美洲40 ETF，IIF
（iShares S&P Latin America 40 ETF，IIF）

资料来源：彭博金融L. P.
彭博金融有限公司许可使用

从2008年到2009年前3个月，世界市场都遭受了重创。恐惧是猖獗的，即使市场开始触底，波动性也非常高，因为世界各地的投资者没有心情再损失更多的钱。

在学习TPS策略的基础上，让我们通过这个例子学习一些额外的内容。**来自长期熊市的市场是最棒的交易市场之一，特别是对买方来说。**通常情况下，由于担心损失太多，场外有大量现金，近程效应（人们不合理地将近期事件的权重置于远期事件之上）和可能出现的大量空头回补，这些都提供了大幅推高价格的火箭燃料。

如果你有机会研究图表，看看2003年互联网泡沫崩溃后和2009年信贷危机爆发后的价格走势。这些举措，尤其是在波动性较高的股票中，令人大开眼界：a）恐惧消退，投资者开始回归股市；b）对错过机会的恐惧开始蔓延；

c）看空者的恐惧，当空头头寸开始往不利的方向发展，他们很快看到自己的收益变成了损失，而他们的这种恐惧往往会导致实质损失。

这三种恐惧同时结合在一起是个完美的风暴期。所以当一个熊市出现在全球任何一个股票市场，接着转变为牛市时，你能大赚一笔；因为你知道这三种担忧结合在一起，历史上曾导致价格的大幅上涨。这不是仅以美国为中心。它是全球性的，因为人类的情绪，特别是对恐惧的反应，也是全球性的。

我们可以看到这一点发生在iShares 拉丁美洲40 ETF（ILF）上。

1. 市场高于200日移动均线，这是2周期RSI低于25的第一天。
2. 第二天RSI低于25以下。买入第一个单位。
3. 当价格低于之前的入场价，在收盘时买入第二个单位。
4. 当价格低于前一天的收盘价，在收盘时买入第三个单位。
5. 几天的横盘然后"起飞"。锁定你的收益。

买入恐惧，尤其是当价格高于200日移动均线时，随着时间推移而增加的恐惧，带来了全球数10年来的高概率交易。

TPS做空

令人难以置信的是，当你在熊市期间逆转TPS规则，在短期内交易相同的ETF时，你会看到历史测试结果几乎和长期测试结果一样强劲。在熊市期间，这种乐观情绪和最终贪婪情绪的逐渐增强往往先于实际情况的出现，你能看到价格再次下跌。

以下是TPS 做空的规则：

1. ETF低于200日简单移动均线。

2. 2周期RSI连续两天高于75。在收盘时卖出10%的头寸。

3. 如果收盘价格高于你之前的入场价格，那么你持仓的任意一天，做空你持仓量的20%（你的平均值）。*

4. 如果收盘价格高于你之前的入场价格，那么你持仓的任意一天，做空你持仓量的30%。*

5. 如果收盘价格高于你之前的入场价格，那么你持仓的任意一天，做空你持仓量的40%。*

*任何时候ETF收盘价高于200日移动均线时，不要开新仓位。

6. 当2周期RSI收于30以下时，收盘退出。

这是测试结果。

表8.3　TPS做空测试结果——全部流动性非杠杆、非反向ETF

交易方向	缩放	交易次数	胜率（%）	平均收益/损失（%）	平均持有天数	获胜平均收益（%）	获胜平均持有天数（%）	失败平均损失（%）	失败平均持有天数
卖方	2/3/5	9 146	77.19	1.52	5.67	3.01	3.87	−3.52	11.77
卖方	1/2/3/4	9 146	80.38	1.79	5.67	3.05	4.04	−3.39	12.34

表8.4　TPS做空测试结果——SPY

交易方向	缩放	交易次数	胜率（%）	平均收益/损失（%）	平均持有天数	获胜平均收益（%）	获胜平均持有天数（%）	失败平均损失（%）	失败平均持有天数
卖方	2/3/5	78	79.49	1.29	5.26	2.04	4.13	−1.62	9.63
卖方	1/2/3/4	78	82.05	1.46	5.26	2.09	4.23	−1.38	9.93

从2006年到2017年，全球大多数市场的整体价格在2017年明显高于2006年。事实上，大多数市场和ETF的年度收盘价大部分时间都高于年初。然而，使用200日移动均线作为趋势过滤器，我们就能够确定这些市场中的任何一个趋势下降（大多数投资者都在赔钱），之后让恐惧和贪婪的循环周期发挥作用。

200日移动均线以下的价格上涨往往导致：a）恐惧消退；b）担心错过机会；c）卖空者恐慌。这三种担忧导致价格上涨，并为那些希望站在这些恐惧驱动型（通常是贪婪型）投资者的另一边的投资者提供极好的切入点。总的来说，使用2–3–5比例进近，价格平均在大约一周内下降超过77%，使用1–2–3–4比例进近的，价格下降超过81%。

以下是设置的示例：EWZ。

巴西市场因政治丑闻而遭受重创。EWZ远低于200日移动均线（未显示），一个全面的熊市正在形成。

1. EWZ反弹，2期RSI连续两天收盘高于75点。做空一个单位。

2. 第二天股市继续上涨，让我们能够以更高的价格增加空头头寸。

3. 当价格低于200日移动均线时，所有好的事情往往（不总是——经常）都会结束，这一说法在这里成立，因为反弹逆转，过去几天的买家看到他们的收益消失了。在过去的5天里，每个做多EWZ的人，在今天结束时再次亏损。2期RSI收于18点，收益锁定。

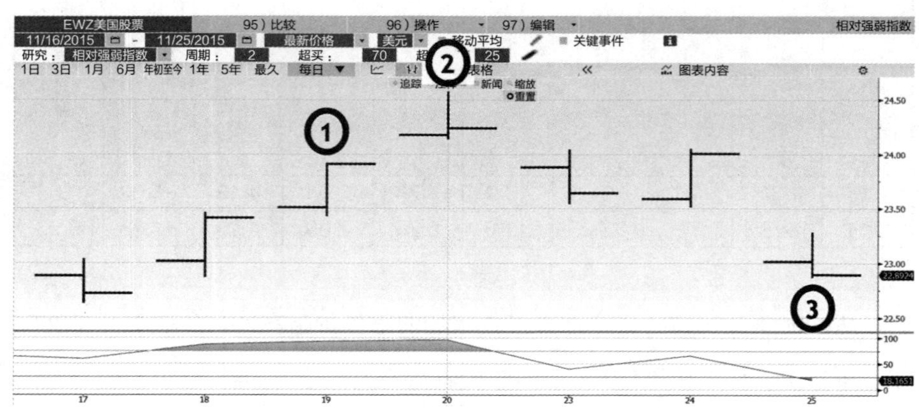

图8.4 iShares摩根士丹利资本国际巴西ETF，EWZ
（iShares MSCI Brazil ETF，EWZ）

资料来源：彭博金融L. P.
彭博金融有限公司许可使用

我特意向你们展示了美国以外的例子，重申市场上的恐惧和贪婪是全世界所有交易员固有的。

TPS允许恐惧随着时间的推移而增强。恐惧积聚的时间越长，随着恐惧的增加，随着你的仓位增加，成功地导致价格在大多数情况下对你有利。从长远来看，应用广泛的ETF，价格上涨了近90%。从短期来看，价格自2006年以来已经下跌了81%。**随着时间的推移，恐惧的积累是一股强大的力量，特别是当它与金融市场有关时。**

其他知识

1. 扩大仓位的概念已经存在了很长时间。从长远来看，我们的目标是随着恐惧的增加而扩大，随着恐惧的消退而退出。

有趣的是，一些长期盈利的投资者在建立仓位时，经常采用相同的规模扩展方法。他们会买入一只他们认为基本上是健康的、成长前景非常光明的股票。如果股价走低且基本面没有改变，他们会买入更多的股票。

在美林证券，我和一位公司里最成功的人一起工作，他为洛杉矶一些最杰出的家庭和个人打理金钱。有时我会听到他告诉这些人，“我们今天要买这只股票，希望你今晚回家时盼着这只股票下跌，如果真的下跌，我们就能买入更多”。他对自己成长中的选股能力有着难以置信的信心。他的许多客户都是知名度很高的人，其中包括经营上市公司的人、娱乐圈的知名人士，以及至少两名在白宫担任高级职位的人。我目睹了他凭借优秀的选股能力，和他在价格走低时准确买入更多股票的能力，为客户创造的财富。他不是一直都正确的，但多年来，他能够以较低的价格积累公司的大部分股份，给他的客户带来巨大的利润。

投资者使用TPS以更低的价格积累他们认为被低估的成长型公司。它们被低估的原因有很多——关键是投资者在更低的水平上购买更多的股票。我们作为交易者在短期内采用完全相同的方法。我们在ETF中累积股票，这些股票通常由于恐惧而被错误定价，当恐惧加剧时，我们会买入更多的股票。**正如我们在这本书中反复看到的，恐惧越大，安全性被错误定价的可能性就越大。**

2. 从测试结果可以看出，正确次数的百分比非常高。这些都是非常短期的交易，而且每笔交易的平均收益没有本书中的其他策略那么高，因为大多数头寸没有达到全面的比例进近。恐惧往往消退得很快。最突出的是这个策略的一致性，并进一步强调无论是美国还是世界各地的股票指数，在牛市中恐惧的节奏与它呼应。

3. 由于TPS与所有直接证券所有权头寸一样具有开放式风险，因此应考虑期权。这些期权可用于财务保护。事实上，我合作了多年的一位专业交易员，他在退休之前，满仓深价外卖权的同时，用这种策略来做多标准普尔期货（这不是期货交易教科书，因此这个例子仅供参考）。

作为一个如何使用标准普尔500指数工具的例子，我们假设你得到一个TPS信号，以2-3-5的比例进近，购买20％的头寸。为方便理解，我们假设这是200股（或两份合同）。此时可能是回调的早期，恐惧不是很高。因此，一个人可以同时购买10个看跌期权。你可能会问，为什么他要买10个而不是2个？因为看跌期权的隐含波动率便宜一些（记住，隐含波动率通常随着恐惧的增加而上升——在这种情况下，恐惧远低于下一规模扩张时的恐慌。换句话说，以隐含波动率衡量的看跌期权，如果价格继续下跌，现在买就比将来买更便宜）。**现在他保护好了自己所有的潜在持仓。**

以下是重点：

1. 他晚上睡得很好。他预先决定了他的美元风险。他交易的是一个健康的7位数的账户，他押入全部的资金，这意味着如果没有看跌期权，他要承担巨大的风险，尤其是当发生“黑天鹅”事件时。风险可以从很多方面感知，他知道自己需要将风险确切地控制在美元上。这得是纪律严明的风险管理和思考。

2. 因为他可以预先确定自己的风险，所以他能够承担规模更大的仓位。他充分利用自己的购买力，因为他知道自己的最大美元风险是什么。当他是对的（并经常使用TPS），他赚了很多钱。

3. 这种方法的主要缺点是，当只有一个比例进近时（例如，你拥有你的10%或20%的头寸），且它立即向上移动，有期权的持仓可能最多会收支平衡，但更符合实际的是亏掉一些钱。做对了却没赚钱（或赔钱）很没意思，但在他看来，这是为了预先确定风险、实现高效规模和能够得到全面保护的成本。这个基础上，只要交易正确，他整年都能实现健康的美元收益。最后一个比例进近在心理上最难（记住，在那个位置，你对抗其余全世界的人）。**他不能让自己陷入二次猜测的境地，也不能去听专家和媒体解释为什么价格只能走低。**他已经有了保护措施，他已经预先决定了他的美元风险，他所需要做的就是“看着，执行交易”，不理会来自外界的疯狂恐惧和噪声。

4. 这种方法在不同的时间会有不同的效果。价外认沽期权通常被当作保护措施来买，在不同的时间，成本会根据一些供求因素而变化，包括总统是谁。你精通期权的话，就明白这些了。如果你对期权还不熟悉，我列出了一些我推荐的期权作者，方便你扩展你的期权交易知识。

5. TPS可以通过多种方式进行交易，包括不同的起始RSI水平、RSI水平下的天数、比例进近变化和是否使用期权进行交易（以及给你提供灵活性令人难以置信的期权）。

小结

TPS有如此多的应用程序，在过去的几十年中，我见证了它的有效性（即规模渐近的方法）有很多的不同方式。这一概念已经被广泛使用，是的，有些人对他们为什么不喜欢扩大（或平均）仓位有强硬的立场（每个人对任何事情都有好的看法或坏的看法）。对你来说，最重要的是，如果你觉得这对你来说是正确的，就像很多人那样，你有一个统计支持的系统方法来交易恐惧和贪婪。

TPS是一种“交易策略”，而不是一种“投资组合策略”。这意味着它不打算取代或与只进行长期股权ETF的买入和持有竞争，也不要轻易忘了这一点，“希望”价格多年来走高。它可用于识别恐惧何时上升。恐惧上升时，你加点头寸，然后事先了解恐惧持续时间会不会更长？会不会变得更强烈？你储备充足的现金，以便用更低的价格买入更大的ETF头寸，来利用历史上的短期高概率优势。几十年来，由于投资者和交易员在市场压力下的行为大多可预测，这些优势反复出现。**利用这些机会，因为它们是自20世纪90年代初以来，在股票指数中持续存在的少数真正量化优势之一。**

CHAPTER 9

第九章 恐惧跳空

> 乱而取之。
>
> ——孙子

接下来，我将给你们一个三步走的公式，在恐惧气氛高涨、人们蒙头卖出的时候，去发现交易日内有价值的机会。我最初是从一个专业交易者那里学到的这个三步走公式，他遵循“恐惧买入，贪婪卖出”的交易哲学，为自己和家人赚得了巨大财富。虽然他的做法不是数据驱动的，但他确实有一种本能，可以感受到市场中的恐惧时刻，并从中多年盈利。他告诉我，他赚钱最多的一次，就是基金经理、投资者、交易者都在“辗转反侧、恐慌不安”的时候。他说，最理想的交易时机就是当这些市场参与者已经紧张兮兮一段时间了，交易日内又发生了恐慌（意味着大量抛售），这时很多人都会丧失理智。但只要他看到这种情况，就会果断入场，大量买入。

为了利用交易对手的恐惧，他设定了三种市场条件。有趣的是，如果我们精确量化这三种条件，数据结果表明他是绝对正确的。

同样重要的是，这些规则对于人们的行为很有意义。当这些条件发生的时候，对于那些做多市场，特别是做多ETF的人来说并不好玩。当ETF的价格“跌跌不休”时，那些做多它们的人往往就会难以忍受不断赔钱的痛苦。随着这种痛苦不断加剧，他们会变得恐慌，特别是在交易日内又发生暴跌的时候。**这是理想的介入时机。**你可以在这时买入他们手中的ETF份额，把他们从痛苦中解放出来。这样他们就脱离了市场（也脱离了痛苦）。作为交换，你购买的ETF多半会在接下来的几天里上涨。

我们来看一看怎样把他的概念整理为三条规则。我们将在行为模式的基础上进行讨论，然后对它们进行量化。

他是这样对我解释的：

规则1。你的目标产品（我们这里指ETF）在过去几天里遭遇了持续抛售。连续抛售会让持有人感到不舒服。

规则2。该ETF跳空低开。持有这些ETF的人们不但在过去几天里赔了钱，今天一睁眼就马上又遭到了赔更多的打击。不过在刚开盘时，还不是最佳时机。

规则3。该ETF在交易日内被进一步抛售。那些持有者在过去几天赔钱已经很糟糕了，又在开盘时遭受了更大损失，如今该ETF居然再次跳水。这时他们的思维往往会趋于崩溃般的混乱，进入一种自我保护的求生模式（或者说恐怖模式）。这时候，他们最为惊慌失措，最为软弱，只是非理性地一心想着把手里的份额卖掉。**现在，你就可以从这些惊弓之鸟手中购买该ETF了。**

当他向我解释这一点时，它很有道理。ETF对应的是一篮子股票，当上述情况发生时，通常是出于两种原因之一。一个板块的暴跌，往往伴随着分析师和媒体的推波助澜，进一步加剧了恐惧，使整个市场出现抛售。

多日回调会引发焦虑，开盘的跳空会造成更多的焦虑和恐惧，日内抛售会酿成短期恐慌。从行为上说，它是完全合乎逻辑的。现在，必须将这些行为纳入精确的规则当中，然后进行量化。

以下是我们在每个时间节点的规则：

规则1：某ETF产品的康纳斯相对强弱指标小于5。这种情况很少发生，但是一旦出现，往往意味着出现了持续卖出（有人开始焦虑）。

规则2：ETF的价格必须出现跳空。我们知道，并非所有跳空都是一样的。跳空的幅度越大越好，但是对于本规则来说，只要是跳空就行。只要出现跳空，有经验的交易者就会心生厌恶。如果之前几天ETF的价格已经严重下跌，他们就更加憎恨这种跳空。之前价格暴跌那么多，他们可能已经有点恐慌了（CRSI指标小于5表明了这一点）。此时又来个跳空，价格更低。他们这时候一般会考虑离开市场，以此消灭自己的痛苦，但这还不是我们的最佳出手时机。

规则3：我们继续寻求更大的抛售。我们希望在跳空低开之后，恐惧逐渐发展为恐慌式抛售。这一天当中的抛售往往会引发恐怖。没有人喜欢日复一日地赔钱，眼睁睁看着自己投资的产品再创新低，在一天之内就有很多化为泡影。

如表9.1所示，我们测试了多种级别的交易日内抛售幅度。从测试结果可以看到，抛售的折价幅度越大，本策略的收益越高。

表9.1　恐惧跳空测试结果

幅度指标（%）	交易次数	胜率（%）	平均收益/损失（%）	平均持有天数	获胜平均收益（%）	获胜平均持有天数（%）	失败平均损失（%）	失败平均持有天数
2.5	102	81.37	5.25	2.9	7.87	2.19	-6.21	5.89
2.0	130	74.62	4.1	2.9	7.11	2.21	-4.73	4.85
1.5	190	74.74	3.33	3	5.99	2.44	-4.53	4.52
1.0	275	77.82	3.02	2.9	5.16	2.3	-4.47	4.84

规则4：当CRSI指标超过70时，卖出。

你将看到，使用本设置，平均仅需持仓3天就会退出。恐慌卖出淘汰了大部分意志不坚定的人，随后更强势的买家进入。随着价格回升，一些在低位胆小卖出的资金又重新买入（这就是所谓的“低位卖出，走势清晰后又高位买入”）。

我们来看一看，对2006—2017年间所有前20个交易日日均交易量在25万份以上的ETF产品（包括杠杆ETF）使用恐惧跳空策略的测试结果。

1. 由上表可见，在过去12年中，如果使用1%的回撤幅度作为指标，超过77%的恐惧跳空是可以盈利的。如果使用2.5%的回撤幅度，胜率可达81%。

2. ETF产品每次交易的平均盈利非常高，平均每个持有日1%以上。如前文所述，人们往往会在恐惧之下竞相卖出，大多数情况下，一旦这种卖方力量消耗殆尽，ETF产品的行情就会迅速回转。

3. 恐惧跳空策略的平均持有时间少于3天。恐慌卖出很快就变成恐慌买入。一旦CRSI指标接近70，你就可以把ETF卖回给那些不再焦虑的人们了。有时候，在你卖出之后价格还会上涨一些，但是整体而言，我们曾测试了多种持有方式，从风险/收益的角度来说，在CRSI指标70的时候卖出是最合适的。这可能是由人类的行为特点决定的，你在别人恐惧的时候买入，使你拥有了盈利优势，而随着ETF价格升高，别人也不再恐惧了，这种优势就消失了。但此时你已经获得了回报。

我们来看两个恐惧跳空的案例（第二个案例在后面“更多知识”一节）。

1. 2016年9月9日，波士顿联邦储备银行总裁埃里克·罗森格伦（Eric Rosengren）警告说，加息的间隔太长，可能会造成金融不稳定，这引起了股市的大范围抛售。因为投资者担心加息可能会终结多年以来的货币宽松环境，导致衰退，道琼斯指数跳水近400点。

SOXL则暴跌了10%以上，因为市场认为，经济衰退时半导体行业受到的打击更严重。CRSI指数一度降到5，如果人们在暴跌之后继续抛售半导体股票，我们就会得到一个买入信号。

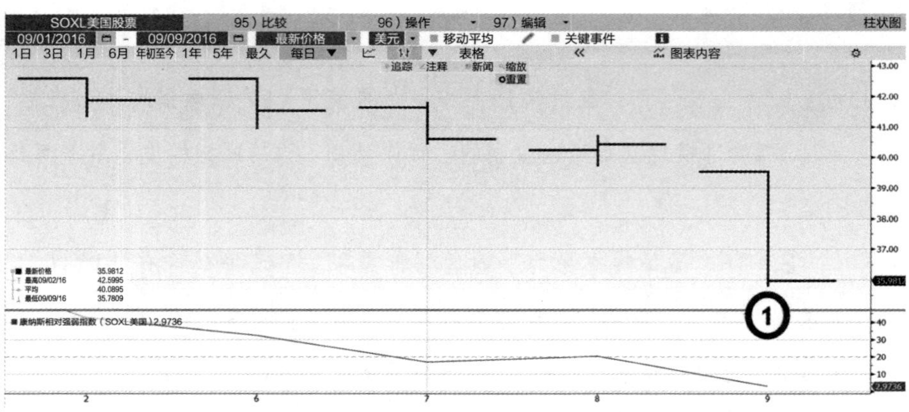

图9.1 Direxion每日半导体牛市3倍份额ETF
（Direxion Daily Semiconductor Bull 3X Shares ETF，SOXL）

资料来源：彭博金融L. P.
彭博金融有限公司许可使用

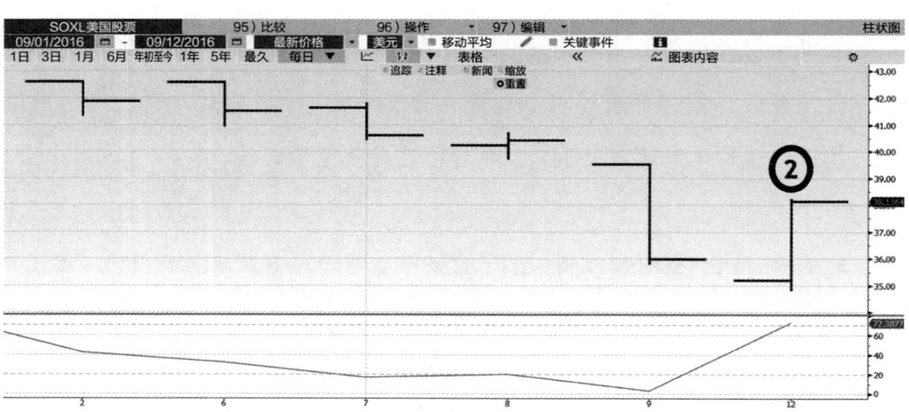

图9.2 Direxion每日半导体牛市3倍份额ETF
（Direxion Daily Semiconductor Bull 3X Shares ETF，SOXL）

资料来源：彭博金融L. P.
彭博金融有限公司许可使用

2. 前一天的恐慌延续到了第二天，SOXL的价格继续下跌，严重超卖。在价格为34.84时，触发了一个恐惧跳空买入信号，在接下来的几分钟内，SOXL的价格反弹至38.13，当天盈利达9.5%。

更多知识

1. 请注意：我们测试的整体结果要显著高于你在上文看到的数据。原因是，我们特意忽略了2008年10月10日和2015年8月24日的结果，那两天的ETF市场都出现了严重暴跌和强力反弹。原因如下：

在2008年10月10日，几十个ETF产品都出现了严重低估，并被抛售。通用电气（后来成了反弹先锋）的盈利预期严重失误，穆迪表示正在考虑再次降低摩根士丹利的信用评级（这是在雷曼兄弟破产发生之后），与此同时，追加保证金和基金赎回，出现了大量的强制清算，最终导致大量抛售。在当天，标普500指数创造了1996年以来最严重的周跌幅。

2015年8月24日，在超卖之后，再次发生了这种巨额抛售行为。数十只ETF产品跌出了恐惧跳空，然后又出现反弹。

在回顾历史测试数据的时候，我们发现，超过30%的恐惧跳空信号出现在这两天，如果当时买入，在第二天卖出的话，将能获得两位数的收益。我们经过慎重考虑，认为这两天的数据甚至可以改变整个测试结果。如果保留这两天的数据，显然会使测试结果更好看，但是我们认为，尽管如此，还是不计入这两天的数据（更保守的角度）更加贴近实际。

2008年10月10日，IWF在两个交易日内获得了超过20%的收益。当天有数十个这样的恐惧跳空信号，可以获得两位数的收益。

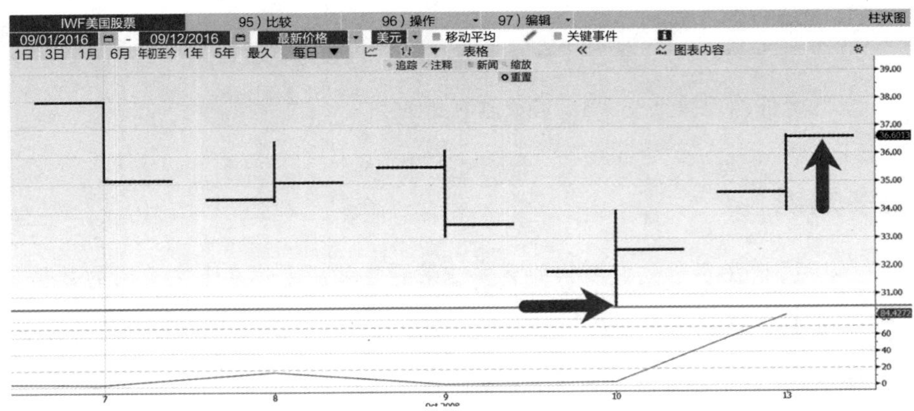

图9.3 iShares 罗素1000增长型ETF
（iShares Russell 1000 Growth ETF，IWF）

资料来源：彭博金融L. P.
彭博金融有限公司许可使用

那两天确实很恐怖。类似那两天的事情还会重现吗？从可能性来说，会的。不过，我们发布数据时，还是决定不包括那两天的数据，以便更好地反映其他日子里的普遍情况。我们这样做也许过于保守。如果这样的事情重演，你可以把它当作一份礼物。

2. 从更宏观的角度来说，创造出这些跳空的行为和我们在本书中所描述的是一致的。投资者不喜欢痛苦，经常在接近底部的位置抛售筹码，想以此来彻底消灭痛苦。

3. 本策略确定了恐惧过程中的顺序：

A）连续多日累积了大量恐惧。

B）隔夜震荡，ETF跌幅较大。

C）短暂的连续卖出，制造了混乱和恐慌，赶出了不够坚定的持有者，ETF份额转移到了更强大的买家手中。

4. 这三种行为组合成一种模式，多年来不断重复出现，这已经得到了统计证明。积累恐惧，出现损失，隔夜损失扩大，然后在交易日内损失进一步扩大，最后导致恐慌性抛售。一旦抛售结束，价格就开始回升，恐惧逐渐消散，FOMO信号出现在短暂的恐慌中，然后价格就会走高。你也曾多次看到这种模式，在本书中，它得到了量化的支持。在本案例中，恐惧变成了恐慌，最后甚至变成了恐怖。而在市场中，没有什么能比恐怖创造更快、更多的短期利益了。

CHAPTER 10

第十章

恐惧买入，贪婪卖出

学完了每一条策略，我们来总结一下所学要点，并进行更深入的思考。

1. 恐惧之时就是交易机会。这是一种周期性机会。

2. 恐惧越深，机会越大。

3. 贪婪也能创造机会。但这种情绪的作用不如恐惧效果大，所以其利润也相对较少，但它确实存在，特别是在熊市出现FOMO信号的时候。

4. 位高权重的人能影响很多交易者和投资者，往往会造成最大的恐惧。媒体（包括传统媒体和社交媒体）会广泛散播这些人的观点，并进行过度解读，有时候会造成短暂的恐慌。

5. 牛市中的恐惧更可能导致股价的持续下跌。熊市中的恐惧往往比较理性，因此更难把握交易机会，而且也没有牛市那么容易赚钱。

6. 不论是长期还是短期，恐慌的底部从来都不是所有人集体抄底的时候。最后一批人卖出的时候，才是真正的底部。只有专业机构和散户都无法承受继续下跌的损失，被迫“割肉”的时候，才是真正的底部。这时候的买家会得到有利的价格。在此之后，股市才会由弱转强。这是一场人类情绪的弱肉强食。这也正是一个由人类内在情感创造的达尔文式的过程。

7. 恐惧损失是人类最根深蒂固的天性。它正是为交易者创造利润的源头。

8. 我们观察RSI指标就会发现，恐惧普遍存在于全球市场中。在全球市场中，它曾准确预测了过去80%时间的股市指数。在美国，它曾准确预测了91%时间里的标普500指数短期变化。这不是靠运气。这是因为卖方多了，买方少了，而一旦这些事情过去了，或者恐惧消散了，买方就会重新出现。在四分之一世纪的时间里，政治、经济、技术领域都发生了很多变化，而这种现象却一直在重复。变幻世界中不变的，是世人的情绪。

9. 正如我们在崩盘和TPS策略中看到的“错失恐惧”一样。在崩盘时，大多数时候股票都严重背离基本面。人们担心错过机会的心情如此强烈（纯粹是出于贪婪），往往会导致股价出现短期的不理性价格。

10. 建立VXX指标是为了归零。它具有结构性低效。9年的连续亏损告诉你，该指标是有问题的。读完本书，你应该明白了为什么要建立该指标，其结构性缺陷在哪里，哪些人在使用该指标，为什么他们使用该指标。你有两种策略来利用这种恐惧驱动的产品的结构性缺陷。在交易中，你可以预判自己的最大风险，提前占据拥有不对称回报的潜力位置，并制定出自己的一套盈利法则。

11. 如果股价在创52周新高之后，出现大幅回撤，就创造出了一个牛熊转换。在股价创新高的时候，之前买入股票的人赚了钱。这时候往往会有很多正面新闻反复强化他们的赚钱效应，吸引新的买家“理智看待”，认为这些正面新闻意味着股价只能继续走高。然而，当那些股票不再创新高时，这些人就会开始卖出股票，也就创造了恐惧。有时候这种恐惧会变为恐慌，人们开始不理性地抛售股票，股价甚至会在一天之内暴跌。这时候，如果看到股价突破5日均线，就可以买入。我们对恐慌抛售进行了开创性的学术研究，创造了一个预测52周高点的量化系统。

12. 多年以来，在长期上升趋势中由于恐惧而超卖的头寸进出，已成为数十种股票ETF（尤其是美股ETF）持续表现良好的成功策略。其他成功的团体也采用类似的买入方法，在有利价格吸入了大量股票。TPS策略随着恐惧的增加而增加买入，随着恐惧的消散而卖出，这样就使交易更加安全。在熊市中同样如此。空仓者担心错失机会而产生贪婪，空头卖出者则害怕赔钱，这些恐惧会导致价格上涨，但最终又跌回熊市的现实。在过去20年中，尽管全球市场整体上是上涨的，但有77%的时间都是这种情形，价格一跌再跌，空头有利可图。

13. 股票下跌几天之后，突如其来的恐惧，会导致跳空下跌，这会使长期持有者感到不适甚至恐惧。他们可能会在跳空下跌之后选择卖出，甚至清仓股票。他们已经无法再忍受这种痛苦了。这时候，你就可以乘虚而入，以历史低价购得股票了。

14. 通过本书我们可以看到，在大量的实例测试中，恐惧买入、贪婪卖出是最好的量化交易方法之一。在我看来，它是少数可以真正盈利的方法之一，而且我相信这种盈利方法在未来数年内依然有效。

市场总是在不断变化，但人类的情绪没有改变。要学会如何判断何时人们的情绪达到了极端状态，特别是极度恐惧或贪婪的时候，把这个判断过程系统化、量化，然后反复执行。

交易执行的其他知识

交易执行，是指一个人如何进行最好的交易，包括投资组合设计、风险管理、市场相关知识、板块相关知识，以及成功交易的其他很多重要因素，其中每一种要素都可以写一本专著。人们需要终身学习这些知识。

我将简要介绍一些要素，因为它们实在太重要。我也鼓励读者去深入学习这些知识，可以参考我在附录中列出的作者名单。我还在附录中增加了一些其他值得学习的交易信息。

风险管理

学习期权交易。如果你对它们还感到陌生，请开始学习。如果你已经有所了解，请做得更好。如果你已经很专业了，也要精益求精。期权可以为你提供很多机会，包括把开放性风险转换为固定风险。还能让你在风险不变的情况下获取不对称收益。

如果你是短线交易者，有几百种每周到期的期权产品可供选择。对于标普指数交易者来说，每周有三个到期日（周一、周三、周五）。我刚开始投资股市的时候，还只有季度期权。想想看，在那时候，本书中提到的这些交易机会要等待3个月才能付诸实施，而且还需要你的目标股票有对应的期权产品才行。现在，可以说有成千上万种可能的投资组合。可以投资期权的股票多达几千只，每只股票的期权又有很多不同的到期日和价格。

这是期权交易的黄金时代，而且它只会越来越好。有了这种风险固定可控还有非对称收益的结构性交易能力，你何必还要冒开放性风险去炒股？有很多好书可以教你如何交易期权，而这只是一个开始。接下来针对合适的期权产品，一对一传授会让你理解得更加深入。一位期权教练，可以教你如何最好地构建自己的交易，让你获得超值的收益，这种知识上的投资将会在未来被放大很多倍。

交易执行

学习如何更好地进行交易。现在大部分券商平台的技术都比以往更好，而且为了赢得客户，他们还在不断改进。所以，要积极参加券商的操作交流。不要嫌烦，这都是机会！

量化

在本书中，我提到了一些经典案例，那些人能够敏锐地执行“恐惧买入，贪婪卖出”。他们中的许多人都有场内交易员或市场专家的经历，从而获得了这项技能。我们希望能量化他们过去的行为和历史收益。谁也不能保证这些盈利方式会一直存在，但我们知道的是，几十年来的恐惧和贪婪一直在提供盈利的机会。量化这些机会，可以让你基于严格的规则，构建恰当的投资组合。

了解市场，了解交易对手

1. 了解市场。判断牛市还是熊市，可以从200日均线开始，有一个对冲基金传奇已经证实了这一点。同样，要明白当前的形势。也就是说，要搞清楚“今天股市走势如何”。在这方面，RSI指标可以指导你。

即使我们难以确定某个新闻事件的具体影响，那些涉及全世界的全球性事件往往会导致全球恐惧，而且实际情况可能比美联储发布的报告更令人担忧。这也可以通过RSI指标来衡量，如果你喜欢研究，好让自己专注于最重要的新闻事件，那它也是有益的研究素材。而且，这些新闻持续的时间越长，人们就会越难受。没有人喜欢日复一日地亏钱，还要天天面对那些负面新闻。这时候，他们往往会彻底清仓，以避免更大损失的可能。然而当他们这样做的时候，那些买家就捡到了便宜。

2. 你的交易对手是谁呢？我在第一章讨论了这个问题，现在你也看到了，这个问题值得反复讨论，因为它太重要了。

恐惧是另一种贪婪，它们都能创造出机会。自己买入的时候，你希望交易对手恐惧。对损失的恐惧，是最严重的恐惧。扪心自问，交易对手此时的恐惧是否已经达到不能继续承受的极点？我的买点是其他人惊慌失措的时候吗？他可能是一个小贩，因为买在了高点，恐惧自己会损失更多的钱；他也可能是一个机构理财经理，因为投资组合严重下跌，担心自己可能会丢掉工作。在这两种情况下，他们都是因为恐惧而卖出的。如果股票期权严重超卖，很可能就是因为他们的恐惧导致的。在他们恐惧时买入，等形势略显安全了，价格回涨了，再高价卖给他们和其他人。这是一个可重复的过程。利用VXX工具，我们可以深入了解交易对手。而且有一个好消息是，你可以对很多其他股票做同样的操作。

任何交易策略，实践起来都很难

这才是能赚钱的原因。每一种交易策略操作起来都不容易，有几种还挺难。量化恐慌（Vol Panics）和崩盘（CRASH）策略可能是最难得。当所有地狱之门都被打开时，谁还想着买股票呢？当贪婪像野火一样在互联网上蔓延、股价一路狂飚的时候，又有谁愿意去做空股票呢？

再多说一句，面对坏消息，谁还能坚持买入呢？谁还敢与大新闻赛跑呢？更容易做到的是随波逐流，等事情过去以后再说。然而，投资者的这种等待，导致买家大量减少，削弱了流动性。这使得股价下跌的原因不只是因为有人卖，还因为没人买，因为那些“理性的基金经理”都在隔岸观火。因为人们普遍认为他们是“理性”的，所以股价会下跌得更厉害，结果造就历史性高收益的买入机会。这种循环总是在反复发生。

股市见底之前几乎总是有消息

事实上，在这些年的经验里，我最担心的是毫无征兆地出现这些信号。我从来没能把它量化，但我知道，如果没有任何消息，股价就走向了极端，这往往不是好兆头。这往往意味着，还有些更大的消息没有公开。理想情况下，新闻故事和股价是同步的。故事越大，相应的恐惧与贪婪就越大，带来的利润就越大。

巴菲特的哲学“在别人贪婪的时候恐惧，在别人恐惧的时候贪婪”

写完本书之后，我开始反思，感觉这些交易策略很像巴菲特的投资方式，以及他运营伯克希尔·哈撒韦公司的方式。

巴菲特是一个投资天才。这用不着我多说。

巴菲特还是一个金融工程的天才。这也无须质疑，我曾看到有人专门研究他几十年来的操作，恰到好处地利用杠杆和现金流，实现了收益的最大化。

在我看来，巴菲特的最聪明之处在于，他深谙人类的行为特点。他充分了解人们在压力下的非理性。

巴菲特眼中的时间框架比我们要长。他有时候会潜伏数年，等待一个机会。这个机会何时到来，是由价格决定的，取决于他要以多低的价格买入一家公司。和本书中的多种交易策略类似，他特别喜欢在他人压力巨大的时候出击。

他知道，因为卖方的压力和恐惧，让他在买入价上占了便宜。2008—2009年金融危机的时候，他在市场底部对高盛的投资，就是这样一个例子（而且我还能举出很多这样的例子）。

当市场血流成河的时候，他却以超乎寻常的方式买入，他能感受到交易对手的恐惧与痛苦，并借此优化自己的投资组合，最小化自己的风险。对方越痛苦，他就越赚钱。我知道，他并不把自己描述成这样的人。但是只要你看看他的投资、他选择的时机、他的投资结构，你就会发现，没有谁比他更能代表“恐惧买入，贪婪卖出”这句话了。

他日常经营的很多做法也与此类似。很多年前，他曾花了大量时间研究伯克希尔公司的再保险业务。因为之前两年恶劣的飓风天气对这条业务线伤害巨大。当然，坏天气时也会产生近因效应，人们对未来投保的需求也会暴增。所以，未来几年的保费收入可能会大幅增加，而天气却往往会“奇迹般地”恢复正常。后来，他的再保险业务果然利润暴涨。他是怎么形容这件事的呢？他只是轻描淡写地说：“我们赶上了好天气。”

无论你我，当然都知道他们不是因为赶上了好天气。他们是靠长期概率取胜的。此外，他们还花了大价钱去建模过去几十年的历史数据。他们成功（甚至可以说是冷酷）利用了人们对未来飓风灾难的恐惧心理。他的业务抓住了众人恐惧的机会，并从中获利，但他只是轻描淡写地说“赶上了好天气”。

没有人能复制巴菲特的往事。但是我们都可以向他学习，特别是他对人性的理解。几十年来，巴菲特在很多方面都表现出了这种优势。正是因为把这种行为准则和金融准则融会贯通，他才取得了巨大的成功。

在本书中，也使用了相同的准则。我并不奢望本书能让你达到巴菲特的成功高度。但是，人类的行为准则是不会改变的。这种恐惧不仅存在于金融市场，它也存在于生活的每一个角落。在过去几百年里如此，现在如此，将来依然会是如此，这些恐惧不断重复发生。作为一个交易者，你应该认准这条道路，在恐惧和贪婪到达极点的时候进行操作。

正如你从本书中的策略中看到的那样，在市场中，这些恐惧在许多不同的交易日、周、月、年中以多种不同的方式发挥作用。这是一个与定量分析相结合的、可重复的行为过程。

回到开始的地方结束

在本书开头，我曾向你发出一份邀请。现在你已经知道，这份邀请是真实的，所以我们可以详细讨论它了。

这份邀请是这样的：

邀请书

现在假设我向你发出了这样的邀请：我给你一个机会，与具有上述症状的交易者、投资者直接进行交易，他们要么感觉形势一片大好，要么感觉大难即将临头。此外，你还可以拥有以下优势：

1. 与他们进行一对一交易

例如，使用VXX指标，你的交易对手，很有可能是按照VXX买入的五种人之一。你与他们的操作相反，就要去做空对应的股票，不论是直接卖出，还是使用固定风险的期权操作，你的风险都为零。因为你知道他们是谁，了解自己的对手。在更大型的ETF基金中，你的交易对手往往是一群基金经理，他们知道，如果自己的业绩表现不达标，那么就得面临客户的赎回，甚至被迫下岗。如果是主动性基金，他们的产品就有可能被换成被动性指数基金。无论发生以上哪种情况，他们都需要与恐惧作斗争，而根据历史数据的测试结果，他们的恐惧会给你带来利润空间，只要你在他们恐惧的时候买入，利润就归你了。

2. 你可以选择与他们进行交易的时间

很多交易者都想天天交易，甚至当天买入当天卖出。他们往往缺乏相关知识，全凭道听途说来买卖股票，斐波那契数列、新闻故事、金融网站上陌生人的推荐，等等，都有可能成为他们买卖股票的理由。这种行为很常见，它是很多交易者赔钱的原因之一。

而你则不然，你可以进行择时交易，当你发现最有利的机会时，再从容不迫地入场。这样你就会掌握主动。

3. 你可以构建最适合自己的交易结构

你可以选择自己最喜欢的交易方式。例如，如果标普500指数出现了上涨信号，你可以买入SPDR信托系列（SPY），买入标普500期货，买入2

倍做多标普500期货（SSO），买入SPY买方期权（call），买入SPY借方差价期权（debit spreads），还可以卖出看跌价差期权（Bull Put Spread），你可以买入SPY并用价外卖权（OTM Put）进行对冲，你可以配置风险逆转买方利差（risk reversal credit spread），可以配置风险逆转借方利差（risk reversal debit spread），可以配置比率价差策略（Ratio Spread），通过所有这些期货产品，你可以选择最合适的期货履约期限和履约价格，以最大化你的收益并最小化你的风险。除此之外，还有很多其他方式可以进行期货交易。很多人感到恐慌，是因为他们的多头头寸正在暴跌，但你却完全可以自己把握，采取最有利的交易方式。

4. 在你的余生中，你每个月都可以多次这样操作。除此之外，你还知道，如果在过去的四分之一世纪里这样做，你在所有地方的平均胜率将从70%提升到97%

根据你所选择的交易策略，以及你所构造的交易计划，你可能会在当月就能看到历史性的高收益信号。而这种情况能持续很多年，几乎每个月都会发生，除非人类的行为方式发生改变（并不会），恐惧买入、贪婪卖出的交易机会将会贯穿你的整个人生。这里有无限的机会在等着你。

把行为金融与量化分析结合起来，你现在已经有了一张蓝图，指导你的交易。恐惧买入，贪婪卖出。这样的机会已经存在了几百年之久。现在，轮到你去好好执行这些策略了。

我希望你从本书中学到了新知识。

APPENDIX

附录

i. 《康纳斯研究交易员期刊》（第7卷）（*Connors Research Traders Journal*，Volume 7）：构建非对称收益的优越交易

转载自TradingMarkets.com，

2018年4月25日，拉里·康纳斯（Larry Connors）

在本期《康纳斯研究交易员期刊》（*Connors Research Traders Journal*）中，你将学习一种构建固定风险交易的方法，它有可能为你带来不对称的回报。

假设你对一只股票（或任何一个市场）上涨有很大的信心。你完成了所有的前期工作，准备执行一个高概率的交易，如果正确，你就有可能大赚一笔。

你会怎么做？

大多数交易者（特别是非专业交易者）都会购买这只股票。对吧？明摆着的事实。

但是这样吗？你能做得更好吗？

你以这种方式进仓，即你完全（分毫不差）地承受风险，投入更少的钱，在风险/回报的基础上有机会赚更多的钱吗？

答案通常是肯定的，特别是如果你的交易设置，它具有历史上的高概率，还有大到超出范围的移动。关键是被称为“专业交易构建”。

如上所述，交易构建是一门艺术。它评判交易信号，然后问，**“我怎样才能冒最小的风险从这一交易中获得最大的收益”？**

大多数交易者把不是所有也是大部分的时间，花在了“完善他们的定向策略”上。成千上万本关于如何做到这一点的书（我已经写了其中的几本），每年放在消费者新闻与商业频道（CNBC）、数十个网站、博客、投资服务、社交媒体等网站上，数以百万计的“交易和投资理念”涌入我们的脑海。在电视上，他们说只要买这只股票，你就搞定一切了（更糟糕的是，只有少数人费心提及何时卖出）。

选股（因为在大多数情况下，它没有任何统计证据的支持，更像是“股票猜测”）主导着世界。而且，自从市场开始运作以来，情况就一直如此。你能做得更好吗？答案是肯定的——通过“交易构建”的艺术。

交易构建和听起来完全一样。它是构建交易的能力，以最大化你的收益并最小化你的风险。**事实上，许多专业的贸易公司将花费尽可能多的时间来讨论如何最好地构建一个贸易，就像他们在分析是否执行交易时所做的那样。**而那些经常赚钱最多的人之所以这样做，部分原因是他们的分析是正确的，更重要的是，他们构建的交易无可挑剔。

你只需看看2008年房地产泡沫破灭时，短期内创造的巨额财富。许多贸易公司的分析是正确的。许多人赚了很多钱。但后来有少数公司做了同样的分析，并赚了几十亿美元！赚了的公司，他们的分析只有部分是正确的。**不过，那些赚了数十亿美元的公司之所以能赚，是因为他们的贸易结构是正确的。他们承担了有限的风险，当他们正确的时候，他们得到了足够改变人生的盈利。**

今天，我们将看一个如何构建具有不对称收益潜力的固定风险交易的示例。**这个例子只是构建交易的众多方法之一。**目标是让你思考这个问题，因为如果你像大多数人一样，那么你会花费大部分时间来寻找定向策略。今天，我们的目标是利用这些知识，并开始学习如何潜在地利用这些优势，构建交易，在你非常正确的时候扩大收益。

引入风险逆转信贷（和借记）利差

我们来看下面的场景：

1. 无论出于什么原因，你认为一只50美元的股票在未来1—2周内会大幅上涨。可能是超卖，也可能是抛物线向上移动，你相信这一移动会继续，或者出于任何原因，你相信股票会走高——更高。

2. 大多数交易员出手买股票。故事的结束。他们承担全部风险（100%），即他们购买的每100股股票需要5000美元才能获得多头股票。这是做多股票所必需的。如果他们预计会有10%的向上移动，甚至20%的向上移动，那么他们基本上会冒着10倍的风险来获得1倍的收益（或者20%的移动，冒着5倍的风险做出1倍的收益）。**在这种情况下，风险总是远远大于回报。**这是世界上大多数人的交易方式。

3. 与此同时，你会变得更聪明。你首先会对自己说：a）“我怎样才能降低我的美元风险呢”和b）“我怎样才能增加这个仓位的风险/回报”？通过简单地问这两个问题，你现在已经领先于市场上数十万做股票交易的人、99%的交易者——你已经进入了专业人士的行列。

4. 提醒：假设股价为50美元，你认为短期内可能会升至55美元甚至60美元。除了买购票，你还可以做很多事情，尤其是期权。不过，就目前而言，利用上述情景，构建这一模型的更好方法之一是，**与风险逆转信贷（和借记）利差组合起来。对于固定的风险，如果你的股票如预期的那样波动，你可能会获得不对称的回报。**

5. 有很多种方法可以构建这种组合，我们简单地来介绍。

6. 第1步：卖出一个平值（ATM）看跌信用利差期权。这意味着卖出

50个看跌期权，买入49个看跌期权。简单。你将获得一笔40美分（40美元）的信贷。

7. 第2步：你现在将获得该信贷，并用收益买入一个虚值（OTM）看多期权。我们假设这是54美元的买权，这些买权将在下周到期。

8. 那你做了什么？以牺牲50—49美元（每份合同加佣金1个点或100美元）之间的差额为代价，如果股票超过每股54美元，你就有机会获得无限回报。因此，高于54美元的每个点，你的股票就赚100美元。55美元时，你有1：1的风险/回报。56美元时，它变成了2：1，60美元时是6：1。如果你碰巧幸运，股票高于64美元，那你赚的就是你风险金额的10倍以上。

如果你买了这只股票，你65美元的收益是你风险的30%。在风险逆转利差的基础上，你风险/回报的收益超过1000%。现在你可以看到为什么少数几家公司在2008年赚了数十亿美元——他们构建了具有巨大风险/回报特征的交易，例如我们现在讨论的这个。

9. 那么有什么隐患？好吧，有个陷阱。就这样说吧，股票涨幅不如预期的那么多。我们假设它一周就达到了53美元。多头股票交易者的风险为3%或6%。风险逆转组合交易者什么也没做。为什么？因为股票在50—54之间收盘，这意味着信用利差毫无价值地过期了，看多54美元的买权也是如此。这笔交易是零差价，而你还得支付佣金。这就是交易这一策略与直接做多股票的风险。在你方向上的小动作没有带来任何收益（除非你的信用差额带来的金额超过你为看多买权支付的金额）。在我看来，相对你预计会出现大幅上涨的事实，这是一个很小的代价。这个小代价能让你完全控制你的风险，如果股票的价格比你预计的要高得多，你也能充分参与。**在风险/回报的基础上，这是构建长期交易的更好方法之一。**

我最近和一个朋友共进午餐，他是一个30多年来的期权做市商。他告诉我，上述交易策略是他最喜欢的策略之一。他将该策略称为一种积极的长尾策略，其中许多交易收支平衡会在一段时间内稍微减少一些并且损失一点。但与所有长尾策略一样，在交易对你有利的情况下，会出现几次巨大的收益。基本上，如果你有正确的方向策略并结合正确的市场条件，这个策略有可能让你赚大量的钱。

以上是一种让你开始考虑基于风险/回报特征构建交易的方法。当你继续前进时，你会发现有许多因素会影响头寸的定价，包括隐含波动率、到期时间、执行价格选择、期权的流动性（买卖差价）、偏差以及期权的可用性。今天的目的是更好地构建你的交易，特别是如果你坚信有一个大规模的，短期的移动即将出现时。

这种类型的交易可以在做空头时构建，也意味着你相信股票或市场会有一个大的下跌。这是通过做空看涨期权价差和使用所得收益购买看跌期权来完成的。想象一下，在股票或市场出现任何短期抛售的情况下，你都能执行预见性的交易。现在再想象一下，在2008年的抛售之前，你预见到并做空了。正如你现在所了解的，一些交易者足够精明，能够构建具有你今天所学到的风险逆转信贷（和借记）利差特征的持仓。

拉里·康纳斯
康纳斯研究公司
版权所有©2018，康纳斯集团公司

ii.《康纳斯研究交易员期刊》（第3卷）（*Connors Research Traders Journal*，Volume 3）：停止（仍然有）伤害

转载自TradingMarkets.com，

2018年4月25日，拉里·康纳斯（Larry Connors）

在我的书《有效的短期交易策略》中，我们创建了一个小型的风暴，其中有一章标题为“止损伤害”。这一章提出了，统计上显示，回调止损会损害交易表现（因为在书中发表了这项测试，还有许多人重复验证了）。即使在50%的位置止损（很少有人会考虑止损）也会损害交易表现。

《有效的短期交易策略》是我们最畅销的书籍之一，甚至超出了我们的最高预期。我们完全没料到止损这章会成为如此广泛讨论的一章。

首先，让我在此声明，截至本文撰写（2018年）时，我使用止损交易策略。它们通常还涉及利润目标，也意味着持仓直到达到利润目标或止损点。例如，一个策略有10%的利润目标和10%的止损点，并且在50%以上的时间是正确的、赚钱的（不包括佣金）。达到60%的正确率时，你的交易策略就很健康。

因此，我不是他们在书中讨论时提到的“不使用止损点的人”。但是，我强烈地感受到（并且更重要的是从统计上看）在很多很多策略中，交易者认

为只要他们有止损就会受到充分保护。事实上并非如此。

什么是止损？止损是部分保险。非专业人士通常认为它能提供全面保护。但实际上，股票市场的关闭时间比开放时间长。如果市场关闭时有重大事件发生，那么止损通常是无用的。

例如，假设一个交易者做空了一只下跌的、基本面很差的30美元股票。他们做了所有的功课。糟糕的公司、微薄的收入、烧钱、糟糕的技术，等等。他们这时真的会做一些空头的事，对吧？他们告诉自己，他们将有10%的风险做空30美元的股票，达到33美元使用“保护性止损”。然而，他们充其量只能在每周32个半小时的市场开放时间内受到“保护”（假设盘中没有出现极端情况）。

现在，让我们想象一下，这同一家公司在这样一个行业中，这个行业的龙头企业不在美国境内，并且假设其希望进入美国，因为它正在进行全球扩张。糟糕的技术和糟糕的基本面公司被接洽，管理层的头痛现在已经成为一种财富。在一个夏季周末，他们可以通过买断获得每股60美元的收益（是的，类似的情况在2016年也出现了）。

该股周一开盘时股价为58美元，最终涨到近60美元。这个“保护性”是如何在33美元时止损的？它被称为在一个仓位上一夜之间损失近100%（遗憾的是，这种情况一直发生在交易员身上，无论是多头还是空头，他们都依赖止损作为唯一的保护手段）。在这种情况下，他们很幸运。收购价可能是90美元（或更高！），那么他们可能会在一夜之间损失200%或更多。

这是最近一个备受瞩目的多头例子。看看逆多头（空头）波动率ETN-XIV的价格历史。2018年2月2日，成千上万的交易员持有ETN，当时ETN收于99美元。这些交易员中的许多人就在这个价格下实行了“保护性止损”。问题是第二天股票开盘价为8美元。一个90%的损失——因为已经有一个“保护性止损”，按理应当可以避免损失。

这是底线。止损是一个创可贴，可以在刮伤手肘时保护皮肤。不过，当发生重大车祸时，止损是没用的。

在《有效的短期交易策略》中，我们明确展示了数据驱动的测试结果，即止损有伤害。是的，它们可能在一个人的投资组合中占有一席之地，特别是如果其他风险管理工具与之相关联的话。不过，作为一种独立的风险工具，它们充其量只是用来掩盖刮痕的创可贴，但会让一个人暴露在更严重的冲击之下。

拉里·康纳斯

康纳斯研究公司

iii. 关联风险

正如我所提到的，关联风险可以写成一本书，在这里不可能完全涵盖这个主题。不过最重要的，我想指出有五种与纠正风险有关的想法。

1. 在极度恐惧的时候，书中的许多策略都会相互关联。这本书以许多不同的方式识别恐惧。在极端情况下，当恐惧无处不在时，许多看多战略将同时启动。提前为这一事实做好准备，根据你愿意承担的风险来决定你认为最好的处理方式。

2. 全球关联——恐惧是全球性的传染病。恐慌可以在世界任何地方触发，并在全球范围内蔓延。例如，在牛市的TPS中，你会看到这一点。随着恐惧蔓延，在几天内你可能会看到许多国家基金相互触发买入信号。

3. 美国市场关联——如果RSI极端区信号在SPY上触发，则可能同时发生许多其他策略信号。在这段时间内，同时采取过多的策略可能会增加你的风险，因为如果标普500指数因为恐惧加剧而回落，那么它的许多基础股票也会同时回落。

4. 行业/ETFs关联——例如，如果石油价格出现抛售，恐慌随之而来，那么石油和石油相关ETF以及这些行业的股票都可能出现信号。这可以通过提前规定来部分缓解，规定你只允许你的投资组合在任何给定时间持有某个行业的X%。

由于开放式竞争，在过去的几年中，许多曾经受欢迎的ETF现在都有了盗版的ETF（相同的控股，不同的成本或相同的概念，略有不同的控股）。因此，如果你看到来自同一个扇区的多个信号，请选择最具流动性的ETF。是的，EWG（德国）和HEWG（货币对冲德国）有不同的符号，技术上有不同的控股。但实际上，在短期（3—7天）内，它们是紧密结合的。交易双方基本上是在德国的头寸增加一倍。你可以通过接收一个信号，而不是同时接收两个信号，来潜在地避免额外的风险。

5. 关联是动态的——我已经发现多年了，你可能也发现了。这意味着关联不断变化，尤其是短期的关联。更重要的是，它们的变化往往比大多数交易者衡量的要快。与过去一个月的关联相比，一年前的相关性与交易者的关联较小。这是一个可以广泛撰写的主题，我希望将来有人写一本关于这个主题的书。这对交易员有很大帮助。现在，请记住关联是动态的，关注短期关联对交易更好。